U0650632

股权战略

常 亮 —— 著

股权设计+员工激励+融资全案

中国铁道出版社有限公司
CHINA RAILWAY PUBLISHING HOUSE CO., LTD.

图书在版编目（CIP）数据

股权战略：股权设计＋员工激励＋融资全案 / 常亮著 . —北京：
中国铁道出版社有限公司，2022.6
ISBN 978-7-113-28741-2

Ⅰ.①股… Ⅱ.①常… Ⅲ.①企业管理-股权管理 Ⅳ.① F272

中国版本图书馆 CIP 数据核字（2021）第 279687 号

书　　名：股权战略：股权设计+员工激励+融资全案
　　　　　GUQUAN ZHANLÜE：GUQUAN SHEJI+YUANGONG JILI+RONGZI QUAN'AN
作　　者：常　亮

责任编辑：马慧君　　编辑部电话：（010）51873005　　投稿邮箱：zzmhj1030@163.com
封面设计：宿　萌
责任校对：安海燕
责任印制：赵星辰

出版发行：中国铁道出版社有限公司（100054，北京市西城区右安门西街8号）
网　　址：http://www.tdpress.com
印　　刷：北京铭成印刷有限公司
版　　次：2022 年 6 月第 1 版　2022 年 6 月第 1 次印刷
开　　本：710 mm×1 000 mm 1/16　印张：13　字数：186千
书　　号：ISBN 978-7-113-28741-2
定　　价：59.80元

前　　言

股权是公司的命脉，70% 的公司因创业者不懂股权而倒闭。股权设计、员工激励、股权融资，这些股权问题都影响着公司的生存和发展。只有懂股权的优秀创业者，才能叱咤商场，成就一番大事业。

正所谓共苦容易，同甘难。创业到了一定阶段，公司基本步入正轨时，最容易出现分歧。如果这家公司没有在创业初期做好股权规划，可能最终的结果就是创始人与股东离心，公司内部纷争不断，扩张、融资等工作难以推行，最终导致创业失败。

知名餐饮公司海底捞在创业初期也曾犯过平分股权的错误，这个错误让海底捞在飞速发展期出现了危机，好在其创始人及时通过股权设计，拿到了控制权，稳定了海底捞的状况。

如今，海底捞已经从一家火锅店变成了餐饮集团和服务平台，且多家子公司已上市。可见，稳定的股权架构对公司的发展有多么大的促进作用。

本书分为股权设计、员工激励、融资全案三个部分。

首先，股权设计。明晰股东的权、责、利是创业的首要任务。虽然创业讲究情怀，但绝不能忽视利益问题。每个股东进入公司的初衷都是获得利益和价值，而决定获利多少的重要因素就是股权占比的多少。

这一部分介绍了股权设计原则、股权设计雷区、股东退出机制、风险规避、选择合作伙伴等内容，可以帮助读者全面了解股权设计的知识，制定出科学合理的股权方案。

其次，员工激励。创业公司体量小，资金和资源都有限。在这种情况下，公司想留住优秀人才就要考虑股权激励，让员工与公司共进退。但如果不能拟定出色的股权激励方案，很可能不能达到激励效果，甚至产生反向激励。

这一部分介绍了股权激励的作用、设计方案、落地实施等内容，可以帮助读者设计出有效的股权激励方案，以留住更多人才。

最后，融资全案。融资是公司发展至关重要的一步。投资人投资一家公司时，除了会关注公司的产品、团队的理念、项目的进展，还一定会关注公司的股权架构合不合理。如果公司的股权架构比较差甚至没有股权设计，那么他们可能不会投资。合理的股权架构是公司进入资本市场的必要条件。如果创业者的最终目标是上市，就一定要提前做好股权设计。

这一部分介绍了融资计划、撰写商业计划书、投资谈判、签署融资文件等内容，可以帮助创始人了解融资过程中的股权问题，避免资本介入后创始人的控制权被稀释，让公司能顺利扩大规模。

本书内容全面，系统性强，对股权问题涉及的方方面面做了详细的论述。另外，本书的作者长期从事相关工作，经验丰富，书中对有些难以理解的知识，就用通俗的形式论述。内容有趣且易懂，干货满满，值得读者细细品味。

常 亮

目　　录

上篇　股权设计

第1章　股权设计：建立基础架构，把握变量

第 2 章 股权类型及设置方法：明确类型，设计最优方案

第 3 章 股权设计雷区：创始人控制权是怎样流失的

第4章 退出机制：合理的退出通道是高效合作的保证

第5章 风险规避：将股权分配的风险扼杀在摇篮里

第6章 选择合作伙伴：选对合作伙伴是事业成功的基础

中篇　员工激励

第7章　股权激励作用：维持公司的长期战略

第8章　股权激励设计：股权给谁？怎么给？给多少？

第9章 股权激励落地：重视激励效果，鼓励全员参与

下篇　融资全案

第 10 章　融资计划：好的开始是成功的一半

第 11 章　撰写商业计划书：如何写出一份完美的商业计划书

第 12 章 投资谈判：找准博弈关键点，争取最大利益

第 13 章 签署文件：有一种陷阱叫特别条款

上篇

股权设计

股权是股东可以主张的各种权利，既包括股东从公司获得经济利益的权利，也包括股东参与公司经营管理的权利。股权不仅可以帮助创业者获取收益，而且可以帮助创业者规避公司在运行过程中的各种风险，并将公司内部各种利益主体"捆绑"在一起。

　　股权设计是创业者成功创业的开始，没有哪种股权设计是绝对完美的，但好的股权设计一定是权、责、利分明的，创业者需要从公司的实际情况出发，去做股权架构设计。

第 1 章

1

股权设计：建立基础架构，把握变量

股权设计是一项复杂的工作，它涉及很多因素。创业者在做股权设计时要有整体思维，先建立基础架构，明确变量，再对细节进行调整。

1.1　基本设计原则

虽然每家公司的股权设计方案都不一样，但所有的股权设计都要遵循一定的原则。例如，按贡献分配股权、按股东投入要素分配比例、设置投入要素的价值浮动区间等。

1.1.1　按贡献分配，而不是按出资分配

《中华人民共和国公司法》第三十四条规定："股东按照实缴的出资比例分取红利；公司新增资本时，股东有权优先按照实缴的出资比例认缴出资。但是，全体股东约定不按照出资比例分取红利或者不按照出资比例优先认缴出资的除外。"因此，很多公司都按出资比例分配股权。但这样的分配方式并不公平，可能导致一部分股东坐享其成，另一部分股东拿不到该有的回报。

出资虽然是对创业公司很重要的贡献，但并不是唯一的贡献。场地、技术能力、销售渠道、融资资源、工作时间等都可以为创业公司带来价值。在公司发展的不同阶段，不同的贡献产生的价值也不同。例如，创业初期资金的价值较大，而创业中期可能是管理、技术等要素的价值更大。如果在股权设计时仅按出资比例"一刀切"分配股权，可能会导致那些在其他方面贡献较大的股东滋生不满情绪。

因此，创业者不能完全按出资分配股权，而是要量化股东的各种贡献，按照市场价值，算出每个股东贡献的价值，按贡献分配股权。

股东对公司的投入，公司本应该给却未给的回报，就是股东的价值。

例如，股东免费为公司工作、免费让公司使用专利，公司未给的工资、专利费的数额就是股东的价值，也是股东分配股权的依据。

创业者在进行股权设计时要秉持"谁创造价值，谁获得利益"的原则，对钱和人都定价，以此做出合理的股权设计。

1.1.2 股东投入要素的价值是分配的基础

除了资金，股东为公司付出的工作时间、场地、人际关系资源、创意等都可以作为股权分配的贡献点。那么这些贡献点该如何估算呢？

1. 工作时间

股东对公司最重要的贡献非工作时间莫属。毕竟即使公司具备了丰富的物质条件，如果没有人去经营，它也不会有所发展。

估算股东工作时间价值的方式很简单，创始人只需参考现在人才市场的通用工资标准就可以了。例如，在同样的岗位上，有相同教育背景、工作经验的人，他们拿多少工资，这个数字就是该股东工作时间的价值。

股东工作时间的价值也并不是单纯按工资来衡量的。一方面，在创业之初，公司如果按标准发放了工资，而股东还没有为公司作出任何贡献，那么此人相当于公司雇佣的员工，并不能得到股权；另一方面，如果公司给予这个人一定的股权，但价值低于他的工资标准，那么，他很可能就不会加入公司。既然股东选择了创业，就说明他认为创业所得到的股权有着极大的价值，足以使他放弃稳定的工资收入。

以股东每月工资2万元为例。如果在创业过程中，股东免费为公司工作，就相当于为公司每月节省了2万元的人力投入，即股东对公司作出的时间贡献为每月2万元。如果股东每月拿5 000元工资，那么他的时间贡献就为每月15 000元。以此类推，如果股东每月拿2万元的工资，那么，在分配股权时，就不能把他的工作时间算作对公司的时间贡献了。也就是说，公司本该发放却未发放的工资才是股东的工作时间贡献。

在折算工资的时候，创始人要以股东的具体情况作为依据来折算股东的时间贡献。如果股东只是兼职创业，那么，就要按照兼职人员的工资来折算；如果股东全职工作，则可以按照实际工作的时间来折算。

2. 现金或实物等资产

现金是价值最为明确，不需要估值的贡献，只需要按照具体金额进行折算就好。所谓万事开头难，创业起步阶段对于现金的需求非常迫切，尤其在项目尚未表现出前景的情况下，投入大量现金的风险非常高。而随着公司进一步发展，明朗的前景会吸引大量的投资人，此时资金有了可选择性，现金的重要性也不如创业初期高了。所以，创始人在折算创业初期的现金贡献时，要按大于实际金额进行折算。

实物资产也可以看作现金贡献，毕竟实物资产是有价格的。但是，实物资产要满足两个条件，才能以现金的价值来估值。

第一，实物资产必须是公司发展过程中的核心资产，如互联网行业的网站服务器等。如果是为了生活需要购买的微波炉、咖啡机等就不能算作实物资产。衡量实物资产的价值要遵循"创业需要"这一原则。

第二，实物资产必须是专门为了公司的经营而购买的，如公司的电脑、办公桌、打印机等。但如果是被淘汰的办公桌、旧电脑等就不能算作实物资产，因为这些都不是专门为公司购买的。

这些实物资产应该怎么估算价值呢？如今在市场上有一些专业的评估师可以对实物资产进行专业评估，但是创始人自己心中对实物资产也要有一个大致的了解。一般来说，如果是全新的实物资产，可以按购买价格折算；如果是使用过的实物资产，可以参照当前二手商品的价格折算。

3. 办公场所

在公司成立之初，任何公司都要有一个"根据地"。创始人需要根据公司的性质选择不同的场地，有的公司只需要一间办公室，有的公司还需要仓库或店面，这些都是必不可少的财务开支。此时，如果股东能够提供场地，就相当于为公司节省了这部分财务开支。那么，公司应该给却未给的这部分场地租金就是股东的贡献。

需要说明的是，并不是股东提供的所有场地都能折算成贡献，因为有的场地不在折算范围内。

首先，多余的场地不能算股东的贡献，因为它并不能带来价值。例如，公司的规模不大，只需要一间二三十平方米的办公室，而股东却提供了三五百平方米的场地，多出来的大部分空间其实是没有价值的。

其次，原本不以营利为目的的场地不能算作股东的贡献。如果股东提供的场地之前并不是用来盈利的，那么就说明这个场地本就不能为股东带来收益，即使股东提供给公司使用也不会给他带来损失，自然也就不能折算成贡献了。

4. 创意

能够为创始人贡献的创意当然不是指单纯的点子或初步的想法，因为这些东西并不具备太多价值。可以作为股东贡献的创意是指在单纯的点子之上，经过反复的思考与研究，最终形成的成熟商业方案，或是初步想法已落实，已进入开发阶段的原始产品。这些能看到市场前景的创意才是有价值的贡献。

想一个创业点子并不难，难的是将这个点子变成实际的商业方案。这个转化过程需要股东做大量的前期工作，这些工作才是股东为公司作出的贡献。

5. 专用技术或知识产权

专用技术或知识产权属于无形资产，是公司发展的关键因素。如果股东能为公司提供此类无形资产，创始人应该参考市场价值将无形资产折算成股东对公司的贡献。如果股东不是转让而是授权公司使用该专用技术或知识产权，那么这些技术或知识产权的许可费也可以看作其对公司的贡献。创始人可以按照公司该给却未给的费用来进行折算。

除此之外，有的股东还会将自己开发的产品转让给公司，比如已经开发并投入运营的网站、App 等。这些产品的转让价可以作为折算依据，创始人可以将目前市场上类似交易的转让价格作为参考。

6. 可用于公司经营的人际关系资源

公司在发展的过程中，在融资、进货、销售等方面都会需要一些人际关系资源。这些人际关系资源可以帮助公司更容易地实现融资目标、寻找合作伙伴、打开销售渠道等。有的股东正好能为公司提供该资源，节省公司建立人际关系的成本。

创始人可以从人际关系资源带来的收益出发，采用不同的折算方式。例如，如果股东的人际关系资源帮助公司提升了产品销量，公司应给予股东一定提成，这部分该给却未给的提成可作为股东对公司的贡献。如果股东的人际关系资源帮公司实现了融资目标，公司应该支付一定佣金，这部分该给却未给的佣金可作为股东对公司的贡献。

除了上述六种贡献点，公司可能还会需要一些短期资源。这些资源如果能帮助公司更加健康地发展，也可以作为股东对公司的贡献。总之，对于创业公司来说，只要是公司运营发展需要的，又没有用现金回报的资源，都可以作为股东对公司的贡献。

1.1.3　找出投入要素的价值浮动区间

随着公司的发展，股东对公司投入要素的价值会因所处阶段的不同而呈现不同的价值。创业初期所需要的要素有资金、场地、销售渠道等。

当公司发展到一定阶段，往往更需要核心技术帮助其提高竞争力，以获得更大的发展。而这一时期资金和销售渠道等已经稳定的要素对公司贡献就没有创业初期大。股东的投入要素处于变动之中，通过这些要素获得的股权也会随之变动。这个问题可以用下面的两种方法来解决。

1. 预估法

在公司初创时，对每一个股东的投入要素进行预估（包括股东付出的时间要素），并将这个结果作为股权设计的重要依据。

A、B、C 三人共同创业，A 负责领导公司发展，B 负责公司内部事务性工作，C 负责出资。按照市场行情，A 的时间价格为年薪 42 万元左右，B 的时间价格为年薪 18 万元左右。

而在创业初期，公司没有其他的资金来源，所以 C 出资的 20 万元翻倍进行估值。

由此计算，第一年在不拿任何工资的情况下，三人的投入要素估算价值分别是：A42 万元、B18 万元、C40 万元。也就是说，在总值为 100 万元的情况下，三人分别占据了 42%、18%、40% 的股份。

2. 定期评估法

定期评估法是对股东的投入要素进行定期的汇总，然后对股东在这一时间段内的投入进行估值，再得出这一时间段内的股权设置依据。这种方法虽然麻烦，但比较符合股东动态的投入方式。

我们仍然以上述案例为例，其他条件不变，只将 A、B 的年薪分别换算成 3.5 万元和 1.5 万元的月薪。然后公司每隔一个时间段按照股东投入的现有价值来计算其分得的股权。

在 A、B、C 都不拿工资的情况下，A 第一个月为公司的投入 3.5 万元，B 投入 1.5 万元。公司这一个月的运作成本为 2 万元，由 C 出资，翻倍之后估值 4 万元。也就是说，这一个月的总投入为 9 万元，A、B、C 则分别占据了 38.9%、16.7% 和 44.4% 的股权。

以此类推，公司在每个月月底都按照这种方法将 A、B、C 三人的投入进行累计计算，得出每个人应占股份的比例。当然，评估的周期可以根据公司的实际情况自行决定。

虽然公司具体的股权结构呈现动态变化，但是随着不断对各方投入进行估值，到了后期，这一动态变化幅度就会逐渐趋于稳定。

还是上述的例子，在第一个月时，公司总投入的估值只有 9 万元，A 投入的 3.5 万元可以带来 38.9% 的股份。而到了 11 月末，公司总投入的估值达到了 99 万元。就算下一个月内 B、C 不做任何投入，只有 A 继续投入，那么在 12 月末，A 只能增加 3.4% 的股份。何况 B、C 还会继续投入，A 实际增加的股份只会更少。

如此看来，越到后期，公司的股权结构经过一段时间的变动，就会变得相对稳定，股东的投入不会再对股权结构造成影响。定期评估也可以告一段落，公司则可以得出一个相对稳定的股权比例。此外，必须要注意的是，公司在获准融资之前一定要确定股权结构，否则会影响到投资人对公司团队的评定，甚至会影响融资结果。

1.2　何时需要调整股权设计

股权设计不是一成不变的。随着公司的发展，股权设计要做出适当的调整。增资扩股、原股权贡献价值变动、新股东加入、原股东退出等情况都需要创业人调整股权设计。

1.2.1　增资扩股

增资扩股是一种通过稀释股权比例，增加外部资金投入的方式。它可以让公司在飞速发展期获得资金，提升经营业绩，还不用分割原有股东的股权，一般是引入外部投资人的首选。下面是常见的三种增资扩股渠道，如图 1-1 所示。

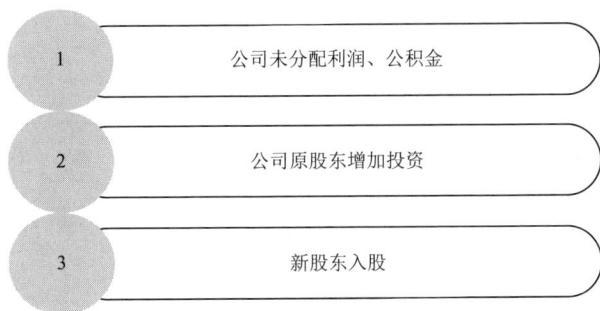

1	公司未分配利润、公积金
2	公司原股东增加投资
3	新股东入股

图 1-1 常见的三种增资扩股方式

1. 公司未分配利润、公积金

《中华人民共和国公司法》第三十四条规定："股东按照实缴的出资比例分取红利；公司新增资本时，股东有权优先按照实缴的出资比例认缴出资。但是，全体股东约定不按照出资比例分取红利或者不按照出资比例优先认缴出资的除外。"

《中华人民共和国公司法》第一百六十六条规定："公司分配当年税后利润时，应当提取利润的百分之十列入公司法定公积金。公司法定公积金累计额为公司注册资本的百分之五十以上的，可以不再提取。公司的法定公积金不足以弥补以前年度亏损的，在依照前款规定提取法定公积金之前，应当先用当年利润弥补亏损。公司从税后利润中提取法定公积金后，经股东会或者股东大会决议，还可以从税后利润中提取任意公积金。公司弥补亏损和提取公积金后所余税后利润，有限责任公司依照本法第三十四条的规定分配；股份有限公司按照股东持有的股份比例分配，但股份有限公司章程规定不按持股比例分配的除外。股东会、股东大会或者董事会违反前款规定，在公司弥补亏损和提取法定公积金之前向股东分配利润的，股东必须将违反规定分配的利润退还公司。公司持有的本公司股份不得分配利润。"

《中华人民共和国公司法》第一百六十八条规定："公司的公积金用于弥补公司的亏损、扩大公司生产经营或者转为增加公司资本。但是，资本公积金不得用于弥补公司的亏损。法定公积金转为资本时，所留存的该项公积金不得少于转增前公司注册资本的百分之二十五。"

公司未分配利润、公积金转增注册资本的，有限责任公司需要遵守《中华人民共和国公司法》第三十四条，股份有限公司应当遵守《中华人民共和国公司法》第一百六十六条。如果公司章程有特殊规定，则以公司章程为先。

2. 公司原股东增加投资

《中华人民共和国公司法》第二十七条规定："股东可以用货币出资，也可以用实物、知识产权、土地使用权等可以用货币估价并可以依法转让的非货币财产作价出资；但是，法律、行政法规规定不得作为出资的财产除外。对作为出资的非货币财产应当评估作价，核实财产，不得高估或者低估作价。法律、行政法规对评估作价有规定的，从其规定。"公司股东可以据此直接增加公司的注册资本。

3. 新股东入股

拟上市公司增资扩股时，外部投资人可以通过投资入股的方式成为公司的新股东。新股东入股的价格应当根据公司净资产与注册资本之比确定，溢价部分作为公司的资本公积金。

拟上市公司进行增资扩股需要注意一些问题。《首次公开发行股票并上市管理办法》第十二条规定："发行人最近 3 年内主营业务和董事、高级管理人员没有发生重大变化，实际控制人没有发生变更。"根据上述规定，拟上市公司进行增资扩股时，公司实际控制人不能发生变更，管理层不能有重大变化，主营业务不能发生重大变化，以免影响公司上市进程。

1.2.2 原股权贡献价值变动

股东对于公司的贡献体现其对于公司的价值，而这个价值就是分配股权的基础。

公司在成立初期，股东的有些贡献对公司来说会产生巨大的价值，而随着公司的进一步发展这些贡献的价值逐渐减小，而另一部分贡献的价值又会逐渐升高。

例如，公司成立初期，资金是重中之重，所以股东为公司投入的资金常会翻倍进行估值，计入股权分配比例。而到了公司发展的后期，公司的营收状况已趋于平稳，现金周转已不似初期那样棘手。相对的，这个时候公司需要扩大经营规模，增强核心竞争力，而如何开发核心技术、营造品牌效应，才是公司最关心的问题。

此时，提供这些贡献的股东，公司就需要按照他们贡献的价值重新分配股权，将原有其他股东的股权稀释，给贡献特别突出的员工股份奖励或者增加他们的股份。

A、B、C三人合开了一家网上商城，A和B分别投资60万元和40万元，C则是因为有电商工作经验和网页设计的才能，以技术股东的身份入股。成立初期，三人按投入的资金来分配股权，A占股60%，B占股40%，C不占股，只拿绩效奖金。

一年后，网上商城运转良好，而且获得了很好的成绩。此时，这个商城想要维持现有的经营水准并且希望拓展业务领域，需要C在管理和技术上的支持。经A和B讨论后决定给C10%的股权奖励。于是，新的股权设计方案具体如下：

A的股权60%×（1-10%）=54%；

B的股权40%×（1-10%）=36%；

C的股权10%。

以上案例充分说明了，在公司发展成熟期，对技术和管理有了进一步的需求，C 的贡献比例明显加大。所以为了留住 C 继续为公司工作，公司经过调整后将 10% 的股权分配给了 C。

1.2.3　新股东加入

在新股东加入时，需对公司之前的资产、负债进行确认和评估。通常评估的结果有以下三种。

（1）公司之前的净资产账面价值等于其公允价值。

（2）公司之前的净资产账面价值小于其公允价值，说明公司的资产在升值。

（3）公司之前的净资产账面价值大于其公允价值，说明公司的资产在贬值。

《中华人民共和国公司法》第七十一条规定："有限责任公司的股东之间可以相互转让其全部或者部分股权。股东向股东以外的人转让股权，应当经其他股东过半数同意。股东应就其股权转让事项书面通知其他股东征求同意，其他股东自接到书面通知之日起满三十日未答复的，视为同意转让。其他股东半数以上不同意转让的，不同意的股东应当购买该转让的股权；不购买的，视为同意转让。经股东同意转让的股权，在同等条件下，其他股东有优先购买权。两个以上股东主张行使优先购买权的，协商确定各自的购买比例；协商不成的，按照转让时各自的出资比例行使优先购买权。公司章程对股权转让另有规定的，从其规定。"

这里的新股东是指通过受让股权加入公司的第三人。由于有限责任公司本质上要求股东之间相互信赖，它不单是一种资金的联合，也是人的联合。原有的股东对新加入的股东主观上并不了解，很容易缺乏信任感，导致日后会在合作上出现各种矛盾。所以，公司需要制定一套合理的新股东入伙程序，以确保双方的利益不受损失。

（1）新股东加入,除公司章程另有规定外,应当经其他股东过半数同意。

公司应就股权转让事项书面通知其他股东，并征求意见，其他股东自接到书面通知之日起满 30 日未答复的，视为同意转让。

（2）其他股东半数以上不同意转让的，不同意的股东应当购买该转让的股权；不购买的，视为同意转让。经股东同意转让的股权，在同等条件下，其他股东有优先购买权。两个以上股东主张行使优先购买权的，协商确定各自的购买比例；协商不成的，按照转让时各自的出资比例行使优先购买权。

（3）原股东应当向新股东如实告知公司之前的经营状况和财务状况。

（4）新股东与原股东享有同等权利，承担同等责任。公司章程另有规定的，依照公司章程的规定。

1.2.4　原股东中途退出

股东的合伙关系并不是一成不变的，在公司发展的过程中，有新股东的加入，自然就有原股东的退出。股东中途退出时，如何处置股权，就成了公司要面临的一个重大的问题。

不少公司对此都没有一个明确的概念，没有建立完善的股东退出机制，经常出现股东与公司"兵戎相见"的局面，从而给公司的后续运营带来很大麻烦。

某个股东在公司成立初期出资 50 万元，拥有公司 30% 的股权。后来，该股东出于个人原因，要从公司离职，却明确表示不同意退股，理由是《中华人民共和国公司法》和公司章程都没有规定股东离职必须退股。除此之外，股东之间也没就退出机制签署过任何协议。

而其他股东则认为如果该股东不退回股权是不合理的。因为该股东不会再参与公司后续的任何经营，也不会再为公司贡献其他价值，却拥有 30% 的股权。这样无形之间就损害了其他股东的利益，使他们原本可以获得的分成变少了。但由于事先没有建立股东的退出机制，公司一时也没有办法购回退出股东的股权。

在这个案例中,这家公司明显陷入一个比较被动的境地。股东获取股权,是基于其看好公司的发展前景,愿意在一起创造更多的价值。

股权的核心价值在于股东与公司长期绑定,通过共同努力去创造更大的利益,再按照当初分配的股权也就是投入比例进行分成。随着公司的经营效益变好,股权的价格也会逐渐上涨。

如果不建立退出机制,中途退出的股东带走股权就是合法的。这样做显然对其他长期参与公司经营的股东很不公平。

所以,公司针对股东可能退出的情形,提前建立预警性的退出机制是非常有必要的。

在公司创立初期,股东的股权按资金股与人力股划分,以2∶8的比例计入总股权。这样人力股在股东持有的总股权中就占有较大的比例。但人力股也不能一次性交付给股东,要与服务期限或者核心业绩指标挂钩。如果股东未达标,则其股权应当按照约定政策处置。比如,在一定期限内,约定股权由创始股东代持。

如果股东离职,离职股东可以兑现资金股和已经成熟的人力股。公司或其他股东有权溢价回购离职股东未成熟的股权。已经成熟的股权,在双方协商后也可以回购。对于离职不退股的行为,如果公司不希望诉诸法律,可以约定高额的违约金,以约束各个股东。

在公司成立初期,股东之间应该首先就退出机制做一个充分合理的沟通,做好团队的预期管理,然后再进行下一步的经营计划。此外,在回购退出股东股权时,公司应遵循两个原则。

1. 承认股东的贡献

股东虽然退出了公司的经营,但其曾经在公司发展的某个阶段里做出的重要贡献是无法抹去的。公司可以收回全部或部分股权,但也必须承认股东的历史贡献,按照一定溢价或折价回购股权。这一点不仅关乎股东能否顺利退出，也与公司形象的塑造相关。

2.回购价格的确定

公司确定退出股东的股权回购价格，要考虑两个因素，一是退出价格基数，二是溢价或折价倍数。比如，公司可以按照退出股东出资购买股权的价格以一定溢价回购，或按照退出股东持股比例可参与公司分配的净资产或净利润的一定溢价回购，也可以按照公司最新一轮融资估值的一定折扣价回购。

公司对于股权的设计并不能只是按照出资多少来分配，应该遵循"贡献大，回报多"的原则综合考量股东的贡献度，来具体分配股权。另外，公司也要根据可能发生的变动因素做好预案，以便修改股权分配方案。

2

|第 2 章|

股权类型及设置方法：明确类型，设计最优方案

  不同的股权类型有不同的计算方法。为了保证公平，创业者需要根据各种股权类型计算股权比例，以平衡每一个股东投资和回报的比例。

2.1 四大股权类型

根据股东的投入要素不同，可以将股权分为不同的类型，常见的有出资股、技术股、管理股和预留股。

2.1.1 以资金入股

出资股一般指的是股东为公司投入资金而获得的股权。这种股权的获取方式比较简单，是按股东出资数额的多少，以比例折合成出资股分配给股东的。在公司成立初期，股东为公司投入资金，一般都是直接获得出资股，然后再按股权成熟机制获得人力股。

对于初创公司来说，资金比其他要素更为重要。因为毕竟资金不能凭空出现，而技术和管理经验可以后天逐渐学习获得。有些公司为了突出这一时期出资股东的重要性，常把股东所出的金额翻倍计入股权。

2.1.2 以技术入股

技术股是指股东将专利技术、非专利技术等折算成资金投入公司而获得的股权。

《中华人民共和国公司法》第二十七条规定："股东可以用货币出资，也可以用实物、知识产权、土地使用权等可以用货币估价并可以依法转让的非货币财产作价出资；但是，法律、行政法规规定不得作为出资的财产除外。对作为出资的非货币财产应当评估作价，核实财产，不得高估或者低估作价。法律、行政法规对评估作价有规定的，从其规定。"

对于技术入股一般占多少的问题，我们国家以前的规定最高是 70%。2018 年修订的《中华人民共和国公司法》并不是这样规定的，从理论上来说，技术入股的比例可以占到 70% 以上甚至 100%。

2.1.3　以管理入股

管理股是指公司由于管理者优秀的工作成绩，而给予其的股权。管理股通常是对管理者工作成绩的肯定和回报，具有奖励和激励性质，不需要管理者为公司投入资金。

这种管理者在职时获得的公司赠与股权，一般规定不能卖出，而在管理者离职后，公司也大都会将股权收回。但也有公司为了留住优秀的管理人才而规定，高管为公司工作若干年后可将一部分管理股转化为终身所有。

2.1.4　预留股

预留股是指公司在成立初期，为方便日后重新进行股权设计而预留出的一部分股权。从公司发展上看，预留股权主要有以下三种作用。

（1）预留股权可以长期激励公司的高新技术人员和业绩突出者。

（2）预留股权可以吸引更多的人才。

（3）预留股权可以完善公司激励机制，以应对人才的不断流动和更新。

预留股权体现的是一种封闭的思维，它认为股权就像一个饼，会越切越少。如果股权不预留，等到新股东进入时，就要降低其他人的持股比例。但股权也可以是一个开放的概念，可以越增越多。

另外，公司在创立初期，谁也不知道它什么时候需要融资，也不知道融资时需要释放多少股权。也就是说，股权始终是变化的。预留的股权可能一直用不出去，也可能不够用，还需要调整。

除此之外，公司登记时不能预留股权，所以预留的股权只能登记到某位创始人名下，让其代持。这部分股权附属的分红权、表决权等，都需要另作规定，不然很容易出现公司控制权旁落等风险。

2.2 如何计算股权比例

股权的多少往往代表着股东对公司贡献度的高低。而什么样的投入算贡献高？什么样的投入算贡献低？这就需要股东了解各类股权的计算方法。

2.2.1 明确初始股权架构

股权架构也就是股权结构，它指的是不同性质的股权在总股本中所占的比例，以及它们之间的相互关系。可以说，股权结构是公司治理结构的理论基础，而公司的治理结构则是股权结构的实际体现形式。可见，股权架构设置对公司的实际影响力是非常大的。

具体来说，公司提前设置股权架构的好处有五大方面，如图 2-1 所示。

1.明晰股东的权、责、利

2.维护创业公司的稳定

3.避免权力争夺的问题

4.为后期融资创造条件

5.为进入资本市场做准备

图 2-1　提前设置股权架构的五大好处

既然是一起开公司，那么每个股东都应该对公司负责。然而，当股东之间的任务分配不明晰的时候，就容易出现推诿、扯皮的情况。这些都是阻碍公司发展的因素。因此，明晰股东的权、责、利，也就成了推动公司发展的保障性因素。

根据每个股东的实际贡献来设置股权架构梯次，为公司作出贡献最多者，占据最多的股权。如果公司盈利了，这些人自然能分享更多的利益。如果公司运营失败，这些人则要承担更多的损失。

权利和责任的一致性，能督促股东对公司尽到管理职责。这对于其他股东来说，也是比较公平的做法。这样一来，关于公司运营中的各项事务都会有相应的股东进行处理。即使遇到重大决策难以达成共识的情况，也有拍板决策的人。这无疑增强了公司的实际执行力。

一些初创公司往往会在迫切发展的愿望驱动下，寻找各种投入要素，并承诺给予对方丰厚的报酬。俗话说，空口无凭。如果没有白纸黑字以及相应的实际行动作为保障，是没有人会相信口头承诺的。即使会有人被诱人的条件吸引进来，最终也会因为缺乏保障性要素而离开。

如果公司提前设置了股权架构，为各类股东预留了股权空间。只要股东加入其中，就能得到相应的股权份额。那么，股东也就不会因为没有安全感而离开创业团队。换句话说，创业公司的稳定性也就得到了保证。

另外，设置股权架构还能避免权力争夺的问题。一般创业公司在运营之初不会出现重大纠纷。一旦公司步入正轨，开始盈利的时候，各种问题和矛盾就会开始凸显出来。如果公司在创业之初没有制定明晰的股权架构，那么，出现权力争夺现象也就很正常了。公司要是有明确的股权架构对权力进行约束，权力争夺问题也就能有效解决了。

公司要想发展壮大，后期就会涉及融资问题。投资人的钱不会白白给任何人，他们在投资的同时，会要求占据公司的股权。而股权架构的设计，正好为此预留了份额。因此，这一制度也就为融资提供了前提条件。否则，公司在进行融资活动的时候，可能会因为股权架构的问题错失良机。

最后，明晰、合理的股权架构是公司上市的首要前提。也就是说，公司缺乏股权架构，将没有资格进入资本市场。众所周知，公司上市之后才拥有公开发行股票的权利。没有上市的公司，大部分难以达成规模效应，也难以成为行业内的领军品牌。

总之，不论是从维护股东的利益来看，还是从推动公司的发展来看，创业公司设置股权架构都是非常有必要的，是必不可少的环节。

2.2.2 股权分配比例

了解了基本的股权架构后，我们就必须要知道股权比例的计算方法。只有利用科学的股权比例计算公式进行评估，所得的股权分配方法才能够让每个股东信服。

在对股权占比进行评估时，我们需要一个被股东广泛认可的计算公式。这里，用一个简单的案例，为大家推导出股权比例的计算公式。

假设甲、乙、丙三人共同创业，开了一家废水处理厂。甲出资 a 元，同时又贡献出了创业的场地，据市场估价，场地的价值为 a_1 元。乙出资为 b 元，同时又贡献出了污水处理的核心技术，据市场估价，污水处理的核心技术价值为 b_1 元。丙出资 c 元，同时又担任公司的财务总监。

那么，废水处理厂初建时的总资产为（$a+a_1+b+b_1+c$）元。在这里，我们把这些资产的合计为 T，其中，甲投资人的总投资为（$a+a_1$）元，这里简计为 A。

那么，甲的股权比例计算公式就如图 2-2 所示：

$$股权比例（甲）= \frac{A}{T} \times 100\%$$

图 2-2 甲的股权比例计算公式

这个公式虽然简单易懂，但是最关键的是创业团队要根据市场价值，如实地折算股东的实物资本以及其他要素入股的折合资本。只有做到公平公正，创业团队才能够制定出一套最让股东信服的股权比例分配模式，才能够减少后期发生股权纠纷的概率，才能将各个股东团结起来，为团队创造更多的财富。

2.2.3　设置股权分配变动空间

具体的商业合作往往存在许多变数，特别是在创业初期，股东的各种投入要素的稀缺性各不相同。例如，有些创业公司急缺资金，有些初创公司急缺技术人才等。对于不同的要素，创业团队应该适当设置股权比例变动的空间。

公司的最初创始人是核心人物，他要在团队的发展中投入更多的时间、金钱、设施等。时间作为最重要的投入要素，是在创始人创业过程中，通过自己的实际工作，逐渐投入创业公司中的。因此，创始人对公司的投入及股权比例，很可能会由于个人的贡献不同而处于动态变动之中。

对大部分创业团队来讲，创业初期最需要的是钱。所以，前期创业团队在对资金的价值进行股权估值时，不一定只按 1：1 的方式进行，还应将资金的估值放大一些，可以按照 1：1.5 或者 1：2 的方式对资金进行估值。例如，甲在创业初期投入资金 30 万元，按照 1：2 的方式进行估算的话，甲的实际投入资金就是 60 万元。创业团队在进行股份分配时，也要按照 60 万元进行价值估算。

除投入资金以外，有些股东还会进行实物投资或者以技术等要素入股。创业团队也需要根据稀缺程度，上浮稀缺投入要素的估值。

创业团队对投入要素进行估值时，最重要的就是对实物资产的估值。实物资产的投资通常被视为现金投资的另外一种形态。

对初创团队来讲，被认定为实物资产的投资应至少满足以下两个条件中的一个，如图 2-3 所示。

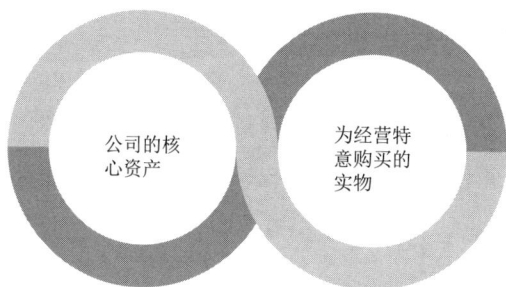

图 2-3 实物资产的认定方式

实物资产应是创业团队主营业务的核心资产。例如，创业公司的核心项目是互联网，那么，网站服务器就应是公司的核心资产。但是，如果某个股东为了员工热饭方便，从家里拿来了一个微波炉，这个微波炉就不能算是公司的核心资产。

实物资产必须是创业团队专门为经营而特意购买的产品。例如，公司经营需要的电脑以及一些必备的办公用品等。

创业团队确定好哪些是公司的实物资产以后，可以请专业的评估师，利用专业的计算方式对实物资产进行折算，而对于十分贵重的核心资产，也要将其估值进行适当的上浮。

2.3　如何规避股权争议

对于股权争议的问题，公司需要订立明确的规章制度，做到事前有所防范，事后有据可依。

2.3.1 预留浮动空间，增加可操作性

股权事先预估法，就是在创业项目启动前，事先预估各个股东的综合投入价值，并据此预估各股东的股权比例，同时预留浮动空间，增加可操作性。下面我们以 A、B、C 三人的共同投资为例，用事先评估法来合理预估他们的股权占比。

A、B、C 三人一起开了一家饮料加工厂。在创业初期，A 投入的是场地，折算后，其投资总额为 30 万元。B 以技术要素入股，根据相关技术的生产力以及当时的市场条件，折算后，其投资总额为 25 万元。C 直接以金钱的方式投资，其投资总额为 20 万元。这样 A、B、C 三人的投资总额为 75 万元。根据股权比例计算公式，我们可以得出 A、B、C 三人的股权比例分别为 40%、33.3% 和 26.7%。

但是，在实际工作当中，A、B、C 三人各有所长。A 负责饮料加工厂的整体运营，B 负责饮料加工厂的人事管理，C 负责饮料加工厂的原材料引进。根据当时的市场行情，A 的年薪应在 15 万元左右，B 的年薪应在 10 万元左右，C 的年薪应在 8 万元左右。由于创业初期，公司没有其他的资金来源，原材料引进又对工厂发展有至关重要的作用，所以我们对 C 的 20 万元资金进行了 1.5 倍加成处理。

因此，在创业的第一年，A、B、C 三人的投入资本预估总额分别为 45 万元、35 万元和 38 万元。这样三人的投资总额为 118 万元。根据股权比例计算公式，可以得出 A、B、C 三人的股权比例分别为 38.1%、29.7%、32.2%。

预估法与静态的评估法相比，有着明显的优越性，既能够反映出各个股东的资本占比，又能够充分考虑他们对团队的贡献。这种预估方法较为公平，有利于充分调动各个股东的积极性。

2.3.2　设置股东贡献目标，按完成度分配股权

公司可以用定期评估法给股东设置短期任务目标，根据股东这一时间段对公司的贡献来微调股东应该持有的股权。下面我们以某公司股东绩效考核制度为例来说明定期评估法在实际工作中的应用，见表 2-1。

表 2-1　某公司股东绩效考核制度

股东绩效考核制度
1. 目的   充分调动公司股东参与销售业务工作的积极性，建立公平合理、公开透明、有效激励的内部奖励分配机制，结合本公司的实际情况，特制定本制度。   2. 适用范围   适用×××、×××、×××等股东。   3. 销售任务   股东的销售任务额每月月初公布，原则上按人均10万元/月设定考核目标。   4. 销售业绩奖励   （1）采用按销售额发放提成奖金的考核方式：隔月结算，即本月结算上个月的提成奖金。   （2）具体提成比例：

股东月度实际销售额（元）	提成比例
0~100 000	0
100 001~120 000	2%
120 001~140 000	3%
140 001~160 000	4%
160 001~180 000	5%
180 001~200 000	6%
200 000以上	7%

续表

股东绩效考核制度
（3）提成奖金计算办法：提成奖金=实际销售额×提成比例，实际销售额=当月发货金额－当月退货金额。 （4）股东提成奖金计入公司工资成本。 （5）股东每月的提成奖金与利润分红同时兑现。 5.销售业绩惩罚 股东未完成销售任务的，其月度分红按照销售完成率进行折算，即：实际分红金额=核算分红金额×销售任务完成率。 月度销售任务及实际销售金额采用各月累计方式计算，例如，某股东5月份的销售任务完成率=1~5月实际销售额/1~5月任务总额

在上述案例中，公司对股东的业绩、提成方法以及未完成目标的惩罚办法都有规定。公司根据股东每月的业绩计算实际分红，这样既可以一定程度上提高股东的工作积极性，又能确保股东拿到的分红符合其这一阶段的贡献度。

股权设计争议处理并不是一项事后工作，而是一项事前工作。不论是设置限制性股权，还是设定股权回购机制以及设置股东的任务目标，这些都需要事前与股东协商好。

虽然这样处理可能会在一定程度上损伤股东的感情，但权责清晰、有据可依的公司规章制度，可以规避公司与股东的许多争议问题，更有助于公司进一步的发展。

3

|第3章|

股权设计雷区：创始人控制权是怎样流失的

股权分配是一项复杂的工作，其中处处是陷阱。创始人要以史为鉴，多总结前人失败的经验，跳出股权分配的"大坑"，避免让股权分配问题阻碍公司的发展。

3.1　那些不太高明的股权设计方案

　　股权分配失当，在公司经营的前期并不会带来特别明显的问题。但随着公司不断发展，股权分配埋下的隐患会逐渐显露出来，等到创始人意识到问题严重时往往已经无法挽回了。失败的股权分配是公司的"隐形杀手"。

3.1.1　创始团队平均分配

　　虽然古人说"不患寡而患不均"，这却不适宜用在股权分配上。股权分配应该根据贡献值进行公平公正的分配，但是很多时候，刚毕业的大学同学或者有相同理想的同事一起创立公司，都喜欢将股权平均分配。因为这样看似公平，不伤感情，而且操作起来也非常简单。不过，我们经营公司不可以只考虑表面上的公平，而忽视平均分配股权所导致的风险。例如，股东因为职责不同而引起的心理不平衡、投资人进入后控制权旁落等问题。

　　真功夫是一家全国连锁餐厅。在我国很多城市，都能看到真功夫的身影。然而，这家被称为快餐行业领军品牌的餐厅，也曾因为股权问题导致估值缩水，工作一度停滞不前。

　　创始人潘宇海及其姐姐潘敏峰、姐夫蔡达标的股权是这样的：潘宇海占股 50%，姐姐、姐夫分别占股 25%。后来，随着真功夫不断扩张，三人并没有按照实际情况对股权进行重新分配。再后来，潘敏峰与蔡达标协议离婚。由于潘敏峰主动出让了自己的股权给蔡达标，所以蔡达标当时掌握着真功夫 50% 的股权。也就是说，潘宇海和蔡达标的股权处于平均分配的状态。

因为有了上市的想法，潘宇海和蔡达标决定进行融资，最终获得了中山联动和今日资本的投资。当时，两人分别拿出了3%的股权给投资人，不过即使如此，两人的股权依然是平分的，均为47%。

随后，蔡达标提出了去家族化的内部管理改革，并控股中山联动。他还聘请了一些职业经理人对真功夫进行管理，取代了之前的家族化管理方式。至此，真功夫的股权已经发生了多次变化，变化路径见表3-1。

表 3-1　真功夫的股权变化路径

关键节点	蔡达标股权	潘敏峰股权	潘宇海股权
蔡达标、潘敏峰离婚前	夫妻俩共同持股50%		50%
蔡达标、潘敏峰离婚后	50%	出让其25%	50%
引入中山联动和今日资本，两家各占3%股权	47%	—	47%
蔡达标控股中山联动	50%	—	47%

由于很多工作都是由蔡达标主持和推进的，所以潘宇海的实际权力已经被架空。这一结果引起了潘宇海的强烈不满，他和蔡达标之间的矛盾进一步升级。

为此，潘宇海控告蔡达标非法挪用公司资产，经过法院的调查和审理，蔡达标最终被逮捕。潘宇海重新获得了真功夫的控制权。真功夫的股权之争虽然落下了帷幕，但是此次股权之争却给真功夫的声誉带来了无法挽回的影响。

很多创始人都是与自己的朋友或亲人合伙创业。在创业初期，出于个人感情或"面子"，经常会平分股权，但是这一做法会为公司留下无穷的隐患。为了避免这样的情况，创始人需要在公司成立之初就制定明确的股权分配制度，并将其落实到纸面上。

3.1.2　大股东占股不足51%

每家公司都要有创始人，也就是公司的"老大"。在创业初期的大部分时间里，他的决策、态度、价值观会发挥非常重要的作用。然而，在之后股权分配和融资稀释股权的过程中，创始人的股权会发生变化，即被稀释到一个比较低，甚至过低的水平。

如果创始人的股权比例过低，可能会让公司出现没有"老大"的情况。股权较多的股东可能会想方设法地争夺公司控制权。股东的控制权之争往往会耗费股东和公司大量的时间和精力，势必会对融资的进程造成一定影响。例如，华为这么一家出色的公司，曾经也因为股权太分散而无法顺利获得融资。

可见，为了对公司进行更好地管理，促进公司的正常经营和长远发展，创始人必须成为公司的"老大"，将自己的股权比例维持在一个合理的状态，让自己始终拥有控制权。在公司发展的不同阶段，股权分配比例可能会发生变化，但是无论如何，创始人尤其是控制公司的创始人必须持有较高比例的股权。

3.1.3　仅出资股东占大股

实际上，很多公司都只有一个主要出资人，其他小股东只是为了满足成立条件而凑数的。这种情况会造成股权过分集中的现象，一个大股东一股独大，拥有绝对的话语权，董事会、监事会和股东会形同虚设，必然会形成"一言堂"的管理模式。

这种模式在公司成立初期并不会有明显的问题，但当公司进入规模化、多元化运营后，因缺乏制衡机制，可能会屡屡出现决策失误的情况。公司存在的风险会随实力增强而增大。另外，一旦大股东出现状况，如大股东意外死亡等，会直接让公司"停摆"，不仅不利于保护小股东的利益，还对公司的长期发展不利。而且，公司行为很容易与大股东个人行为混同，导致大股东承担更多公司行为的不利后果。

3.1.4 众筹模式缺少决策人

前几年火爆的众筹咖啡馆、众筹酒店，因股东人数众多，大多采用"20% + 20% + 20% + 20% + 20%"的股权结构，却不承想众筹变成了"众愁"。因为公司没有大股东，所以也就没人愿意承担责任，甚至创始人一个小小的决策，都可能遭到股东反对。

李总是做土特产贸易平台的，公司由他发起，他还兼做管理工作。他的公司有 5 个合伙人，股权结构为"20%+20%+20%+20%+20%"。有一次李总想花 9 800 元为公司添置一个软件，提高公司电脑的运行效率，结果被另一个股东反对，僵持了 3 个月那个软件也没有采购成功。一个管理者如果连 9 800 元的决策权都没有，那么他的公司又能做成什么事情呢？

3.2 保护控制权是股权设计的核心

随着公司不断融资，创业者的股权势必会被不断稀释，很难保持股权占比的绝对领先地位。对此，创业者可以通过委托投票权、一致行动人等策略，主动调整股权设计方案，以达到把握控制权的目的。

3.2.1 小股东委托大股东行使投票权

委托投票权指的是股东在股东大会召开之前把投票权转让给了出席大

会的其他人行使。《中华人民共和国公司法》第一百零六条规定："股东可以委托代理人出席股东大会会议，代理人应当向公司提交股东授权委托书，并在授权范围内行使表决权。"

某上市公司的一家子公司，申报 IPO 前，上市公司与子公司的股东肖某签署了《委托投票权协议》，约定肖某将持有的 19% 子公司股权对应的权利授权给上市公司行使，具体包括：

（1）子公司股东会决议时，发行人可根据自己的想法行使 19% 股权对应的表决权；

（2）发行人享有 19% 股权对应的提案权、提名权等权利；

（3）委托期限自协议签署之日起至肖某持股比例低于 1% 以内；

（4）上述授权委托无条件且不可撤销。

肖某承诺自协议签订之日起 5 年内不转让 19% 的股权。期满后若转让股权，同等条件下发行人有优先购买权。

肖某之所以签署《委托投票权协议》，是因为其长期生活在北京，不便参与子公司的日常管理，自己也没有相关意愿。加之肖某与上市公司的法定代表人陈某是多年朋友，相互非常信任，上市公司多年的经营状况也很好。因此，肖某愿意将自己 19% 股权对应的投票权委托给上市公司行使。

委托投票权不同于一致行动人，委托投票权是指身为委托人的股东完全放弃投票权，由受托人代为行使。在公司上市过程中，如果存在几个股东股权比例接近且股权分散的情况，创始人一般都会将股东捆绑为一致行动人。但如果这些股东是纯粹的财务投资人并不愿意被锁定，创始人就可以选择用委托投票权的方式将控制权交给最大的股东，以便于认定实际控制人。

3.2.2　小股东绑定行动

《中华人民共和国公司法》第二百一十六条第（三）项规定："实际控制人，

是指虽不是公司的股东，但通过投资关系、协议或者其他安排，能够实际支配公司行为的人。"可见，即使你不是公司股东，通过协议安排，也能成为实际控制人。《上市公司收购管理办法》第八十三条第一款规定："本办法所称一致行动，是指投资者通过协议、其他安排，与其他投资者共同扩大其所能够支配的一个上市公司股份表决权数量的行为或者事实。"

由此可见，公司股东签署一致行动人协议相当于在股东会外又建立了一个合法的"小股东会"。每次股东会决议事项前，"小股东会"可以先讨论出一个对外的结果，然后统一在股东会中作出表决。简单来讲，就是几名股东共同一致对外，如果有人不按照协议约定一致行动，那他就会受到协议中约定条款的惩罚，如罚金、赔偿股份等。

非上市公司与上市公司关于一致行动人的界定存在一定差别。对此，《上市公司收购管理办法》第八十三条第二款对上市公司"一致行动人"作出了界定："在上市公司的收购及相关股份权益变动活动中有一致行动情形的投资者，互为一致行动人。如无相反证据，投资者有下列情形之一的，为一致行动人：

（一）投资者之间有股权控制关系；

（二）投资者受同一主体控制；

（三）投资者的董事、监事或者高级管理人员中的主要成员，同时在另一个投资者担任董事、监事或者高级管理人员；

（四）投资者参股另一投资者，可以对参股公司的重大决策产生重大影响；

（五）银行以外的其他法人、其他组织和自然人为投资者取得相关股份提供融资安排；

（六）投资者之间存在合伙、合作、联营等其他经济利益关系；

（七）持有投资者30%以上股份的自然人，与投资者持有同一上市公司股份；

（八）在投资者任职的董事、监事及高级管理人员，与投资者持有同一上市公司股份；

（九）持有投资者 30% 以上股份的自然人和在投资者任职的董事、监事及高级管理人员，其父母、配偶、子女及其配偶、配偶的父母、兄弟姐妹及其配偶、配偶的兄弟姐妹及其配偶等亲属，与投资者持有同一上市公司股份；

（十）在上市公司任职的董事、监事、高级管理人员及其前项所述亲属同时持有本公司股份的，或者与其自己或者其前项所述亲属直接或者间接控制的企业同时持有本公司股份；

（十一）上市公司董事、监事、高级管理人员和员工与其所控制或者委托的法人或者其他组织持有本公司股份；

（十二）投资者之间具有其他关联关系。"

养元饮品成立于 1997 年，2005 年前属于国有企业。随着河北省国企改革的深入，养元饮品被姚奎章收购，完成了私有化改革。由于公司的特殊背景，养元饮品被私有化之初，姚奎章仅持股 23.36%，不能绝对控股。养元饮品上市前的股权架构，如图 3-1 所示。

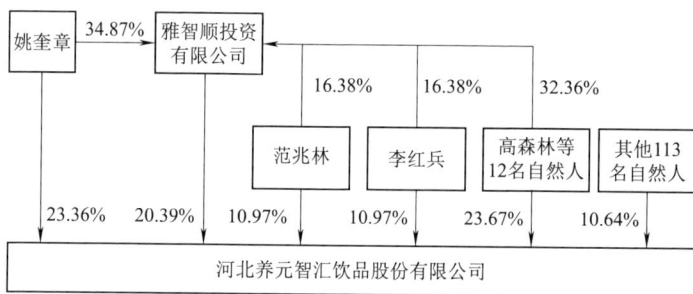

图 3-1　养元饮品上市前的股权架构

姚奎章对养元饮品的控制权仅为 23.36%，除了姚奎章以外的其他股东也不能绝对控股。即任何人都无法单独对公司的重大经营决策有决定性影响，养元饮品公司现阶段并无实际控制人。

为避免决策分歧影响上市效率，姚奎章对公司的控制权进行了整合。虽然直接将小股东的股权平移给雅智顺投资有限公司是最好的整合方案。但因公司面临上市，如果让小股东放弃直接持股，会间接损害小股东的利益，于是姚奎章做了如下安排：

雅智顺投资有限公司召开临时股东会，会议通过了《关于签订（姚奎章先生与雅智顺投资有限公司一致行动协议）的议案》。除姚奎章外其他 14 名股东一致通过了该议案。与此同时，姚奎章与雅智顺投资有限公司也签署了这一协议。养元饮品现在的股权结构，如图 3-2 所示。

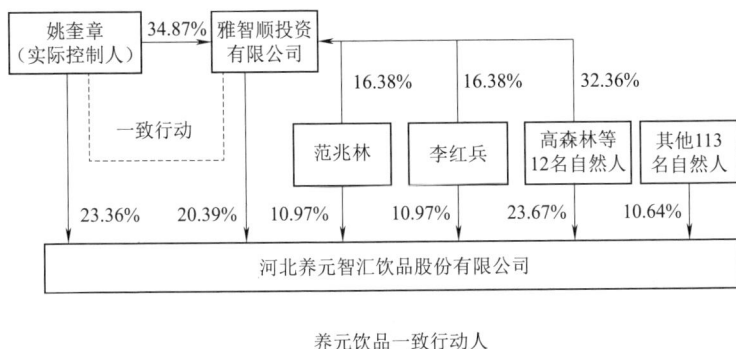

养元饮品一致行动人

图 3-2 养元饮品现在的股权结构

通过一致行动人协议，姚奎章成为养元饮品的实际控制人，拥有了公司 43.75% 的控制权。

4

|第 4 章|

退出机制：合理的退出通道是高效合作的保证

　　股东因投资需要可以创设公司，自然也可以因利益得不到保障而解散公司。"天下熙熙，皆为利来，天下攘攘，皆为利往。"因为股东利益冲突，导致公司解散的案例不胜枚举。正确处理股东的退出问题至关重要，如果处理不当，轻则会使公司的经营陷入困境，重则会导致公司解散。

　　总体来说，公司要设定股东退出机制，要提前制定好完备详尽的股东退出应对方案，要考虑到股东退出的各种方式，同时还需要找到避免股东中途退出的方法。

4.1 股东退出的方式

股东主要有提前约定退出、中途退出、被解雇退出这三种退出形式。不同的退出形式给公司造成的影响也不尽相同，需要公司做出的应对办法也不同。如何有策略的应对每一种情况下的股东退出，是创业者需要学习的一项必备技能。

4.1.1 股东提前约定退出

"罗辑思维""西少爷""真功夫"等有限责任公司，在公司发展到一定阶段时，股东却分道扬镳，这种现象在当下创业公司中很常见。起初一起打天下的股东，为什么在公司发展壮大之后就变成对簿公堂的仇人了呢？其主要原因在于公司初建时，不合理的股权分配引发了矛盾。

公司在创业初期，股权就是一纸"空头"支票。很多股东碍于面子或者对股权分配不了解，忽略了股权分配及退出的问题。公司发展壮大之后，特别是上市之后，股权价值让很多股东心动，大家都不肯退让，就面临着分家的局面。此时，公司如果没有合理的退出机制，很可能就会造成对簿公堂的局面。

还有一些创业公司，前期由于经营不善，长时间不盈利，有些股东就可能提出退出公司。创始人一旦处理不当，轻则使公司陷入困境，重则让公司倒闭。

两年前，刘某某与大学时期的同班同学李某某合伙开发了一个关于减肥的 App。创业初期，两人各自出资 10 万元，分别占股 55%、30%，股权池占股 15%。

在 App 第一版开发完成推广经营三个月后，公司陆续开始进账，两人兴奋不已。但是此时刘某某希望乘胜追击，根据用户的需求再开发第二版，这也意味着两人至少每人还要继续投入 5 万元；李某某却觉得现在还是按部就班地回本比较好。二人始终无法达成一致意见，不久，李某某宣告退出合作，要求抽走当时投入的 10 万元和近期的收入。由于刘某某前期没有与李某某制定相应的退出机制，只能答应李某某的请求。后来，刘某某由于现金吃紧，此次创业以失败告终。

从上述案例可以看出，刘某某创业失败的关键问题是创业前没有提前设置合理的退出机制，如果设置是原股退出或者议价退出，结果可能会完全不一样。很多创业者都与刘某某一样，或许是爱面子，不好意思提出一些看似"苛刻"的要求。但是，这个不好意思不仅会害了自己，还会害了其他股东。因此，对创业者来说，不要意气用事，也不要以为大家是朋友就抱着不必计较的心态。无论股东是谁，提前约定好合理的退出机制是必不可少的。

创业者提前设置退出机制的目的是不把矛盾扩大化。当一方决定退出时，要约定好什么时候才能退出，退出时的收入与退出比例，以及怎样补偿，责任由谁承担等一系列规则，这些都要提前在公司章程中明确规定。这样股东在后期合作中，会减少纠纷瓜葛；股东在退出时能顺利完成。

合理的退出机制是合作创业成功的关键因素。创业公司如果前期没有设定合理的退出机制，问题出现的时候，再没有一个清晰的解决办法，很容易让大家陷入矛盾，或者让有企图心的人钻空子。这里用一个比较恰当的事例说明，让大家更容易理解。几个人一起出钱买了一批小鸡仔，有个人喂了几个月就走了，走时又不同意退股，等小鸡仔长成能下蛋的母鸡，那个人又回来了，他要按之前出钱的比例分鸡蛋、分鸡。显然其他出钱人会有意见，他们会说："你打个酱油就跑了，凭什么要给你分鸡又分蛋呀？"所以要提前约定好退出机制，以免后期出现一些不必要的麻烦。

1. 股东要提前约定好在什么情况下才能退出

公司创立初期风险承受能力特别弱，一旦出现大的波动，就容易导致倒闭。退出时机的选择虽无法控制，但是必须要有约定。一般来说，创业前半年，股东退出并撤出资金，是公司倒闭的最直接因素。公司创业前期股东退出的处理，主要包括资金退出和技术退出。其处理方法如下。

（1）资金退出处理。

对于资金退出情形，公司可以允许股东退出，但是资金不能完全撤出。公司一旦允许资金全额撤出，留下的股东现金流压力会急剧增大。资金撤出必须约定一定比例，原则上撤出比例不超过50%。公司对于撤出股东余下的50%资金可以以商业借贷或其他形式存在，具体情况可以协商处理。

（2）技术退出处理。

公司创立前期，技术性股东如果一旦撤出，公司就无法及时找到替代人员，很容易使公司面临困境。所以，如果技术型股东要退出，必须在找到技术替代人员并且稳定后，再允许其撤出。至于技术型股东撤出资金的要求，可以仿照第一条进行处理。

2. 公司要提前设置出合理的退出机制

如何设置退出机制呢？其约定内容主要包括以下几点。

（1）人走股不走。

股东可以退出，但股份必须转让给其他股东或重新进行股权分配。这里面会出现两种情况。

情况一：经营亏损

在经营亏损的情况下，因为公司处于下行阶段，风险很大，所以退出方也应当承担一定风险所带来的损失。为了防止股东退出公司却不同意公司回购其股权，可以在股东协议中设定高额的违约金条款。

情况二：经营盈利

在公司盈利的情况下，股东退股，其他股东可以进行溢价式回购。比如，有一个股东想退股，当初他投入 100 万元，占股为 60%，并参与了经营管理。此时，如果公司现金流大、又想稳定发展，可以约定以总资产的比例折算给该股东。但如果公司现金流紧张，则应按总资产折算，不过现金只可先取走一部分，另一部分以商业借贷处理，约定还款期限。

（2）资金股与参与股分离。

有些公司在合伙初期，股权分配根据出资人的出资比例来定，即出资额高分配到的股权也会很高。这种分配方式一定会留下隐患，因为一旦公司快速发展，其他股东就会觉得不公平。因为他们付出同样的努力，只是因为前期出资较少，而分得的股份很少，这时矛盾就会一触即发。所以，公司在创立前期，股权分配应将资金占股和参与占股分离，具体做法如下。

股份应由两部分组成：一是出资股；二是参与股。比如，你出资 100 万元，占股 60%。如果你还参与了经营管理，可再分配给你 15% 至 30% 的参与股。参与股具体多少，再另外制定标准进行考核。尽管这种分配方式可能使其他股东的总占股跟之前差距并不大，但是这样更能激发参与者的活力，或能免去了股东心里的不公平感。

（3）赔偿高额违约金。

赔偿高额违约金是股东退出机制中必不可少的一项规定。这样能有效地约束股东，使其不能轻易退出。另外，赔付标准不宜过低，赔付额必须高于所带来的损失额。一旦出现退股纠纷也能做到有章可依，保证其他股东的权益不受损失。

以上各点，如果股东都能严格遵守，大家的利益才能得到最大的保障。当然，创始股东不能只是单方给股东设定退出机制，自己不设定退出机制。有些创始股东只给公司全职核心的其他股东设定退出机制，而不给自己设定退出机制，这让公司其他股东不理解退出机制的公平性、合情性与合理性，从而不接受退出机制，即使接受退出机制，心里也有很多埋怨。这给以后埋下隐患，不利于公司的发展。因此，创始股东为了赢得公司其他股东的信任，不仅要为公司其他股东制定退出机制，还要为自己制定相应的退出机制。

4.1.2　股东中途退出

湖北有一家实业公司，它创立距今已有10年时间了。这是一家合伙创业公司，最初的创业团队是由4个股东组成。此后，也没有新的股东加入其中。他们4个人以出资额为依据，分别占据了公司的50%、20%、20%、10%的股份。

10年的时间过去了，公司也逐渐迎来了发展的黄金时期。在这个时候，有两个股东提出要退出公司，还要求公司按照他们所占的股权份额为他们分配公司的盈利所得。

当初，公司在申请注册的时候，注册资本是2 000万元。事实是，当时4个股东并没有按照约定投入足额的钱。现在，公司的估值已经达到了上亿元。如果按照股东所占的股份份额来分配利润，这显然有不合理之处。但是，其他股东也找不出有力的反驳理由来。

在这个案例中，股东中途退出不仅给公司的发展带来了一定的影响，还提出要分走公司的盈利所得。对于处于发展上升期的公司来说，资金是维系运营十分重要的因素。如果资金链断裂的话，公司的发展有可能会遭受灭顶之灾，要防止这种情况的发生，就需要从源头进行预防。

股东中途退出的问题，其实是一个很常见的问题。由于这种情况会给其他股东的利益带来一定的损害，所以公司对这种退出情况要给予重视，要严格限制股东在中途退出情况下的利益所得。俗话说："空口无凭。"为了保证这一想法能得到切实的落实，创业公司要将限制股东中途退出的利益所得用文字记录下来，并作为制度公之于众。

一般来说，股东中途退出公司不外乎三种原因，即，找到了新的投资项目，遇到了新的合作公司，急需用钱。一份人性化的制度，是需要对这三种情况分别对待的。

前面两种情况，属于股东主动抛弃公司，是违约的行为，所以，公司对于这种退出原因不需要体谅，应该对退出股东给予惩罚，降低退出股东分红比例。

股东之所以退出公司，还有一种原因，那就是遇到急事，急需用钱，不得不以退出公司的方式来套现，以达到救急的目的。这种情况出现的可能性极小，但是也不排除。对于这种情况，其他股东应给予更多的理解，而不是一味苛责。这个时候，有关退出股东的分红比例问题，可以根据公司运营的实际情况酌情处理。

总而言之，创始人对于这些可能发生的不良情况，在与他人合伙之初就应该考虑到。如果创始人不能完全胜任这一工作，可以考虑聘请专业人士来解决这一问题。公司对于股东中途退出这样的问题，应该越早制定相关对策越好，否则，亡羊补牢，为时已晚。

4.1.3 股东被解雇退出

通常来说，股东在公司中享有一定的权利，也需要履行一定的义务。如果股东做出违反公司章程规定的行为，或者说做出有损公司利益的行为，那么股东大会有权开除股东。这样一来，也就形成了股东的第二种退出方式，即股东被解雇退出。

从公司发展的角度来看，股东开除制度也是有必要的。如果不能及时清除妨碍公司发展的力量，对整个公司，乃至对其他股东来说，都是不利的，也是不公平的。

公司为了保证股东解雇能够顺利进行，有必要将股东解雇这一事项写进公司章程中，要包括股东解雇的条件、解雇的流程以及解雇后的处理方式等。另外，在实际解雇股东的过程中，公司还可以聘请法律专业人士作为指导。公司有了公司章程作为理论依据，又有法律专业人士作为保障，股东解雇一般能顺利进行。

股东大会不会轻易提出解雇股东。一旦股东解雇的问题在股东大会中被提出来后，也就意味着问题已经到了非常严重的地步，极有可能是股东的行为给公司造成了严重的影响。在这种情况下，公司的经营状态以及发展状况可能都已经陷入了低谷。所以，此时解雇股东，不会在股权份额分配上产生太大的分歧。

即使股东是因为被解雇退出公司，也应该合理合法地为其分配其应得的股权和利益，只是被解雇的股东所应分得的股权及分红都会相应地减少。公司出现解雇股东的情况，意味着股东的重组以及股权的重新分配，在解雇股东之后需要对公司的资产和负债进行确认、评估。

股东被解雇退出公司虽然会对公司造成一定的影响，但是从长远来看，这是有利于整个公司发展的，是能够保证公司中其他股东利益的。因为公司及时清除了发展中的危害分子，是为公司清除了隐患。因此，如果不幸地遇到了股东被解雇退出的情况，创始人应该摆正心态，积极应对。

事实上，全体股东是一个整体。不论其中的某股东以何种方式或者何种原因离开了公司，对公司来说，都是不利的。但是，在实际情况中，这又是不可避免的。所以，如果你要与其他人创设公司，首先要对对方有一个清楚、准确的认识和了解，除此之外，你也应该对创设过程中可能出现的不好结果有一个预测，并事先制定好全面的应对措施。

4.1.4　公司回购股权

1979 年，可口可乐开始在我国开展业务。在可口可乐的所有产品中，以带气的碳酸饮料最为知名。但是，随着人们消费观念的改变，碳酸饮料逐渐失去了市场。面对这一现实情况，可口可乐公司积极制定了应对措施。既然人们不再热衷于带气的碳酸饮料，那么就研发生产不带气的果汁饮料。

在这一转型理念的指导下，可口可乐公司开始制定它的收购计划。显然，直接收购成熟的果汁公司，能够省去研发产品的时间，不至于丢失已有的用户。制定了收购计划后，可口可乐公司就将自己的收购目标对准了汇源果汁。可口可乐公司开出了市场价格193%的收购价格收购汇源果汁。也正是由于这一高得离谱的收购价格，让我国商务部对此提出了反对意见。

在上述案例中，可口可乐公司开出了市场价格193%的收购价格，这就叫股权溢价收购。溢价回购，即用高于市场的价格来购买目标公司流通股票的行为。之所以会出现溢价的情况，是因为收购方希望用更高的价格来保证收购目标顺利完成。

但是，可口可乐公司的收购案例也说明了股权溢价要求在一定的范围之内。收购价格高于市场价格太多，从短期来看，会给收购方带来严重的经济压力；从长期来看，会给消费者带来巨大的压力。毫无疑问，收购价格过高，增加了产品的生产成本，那么产品的最终售价也就会相应地增加了。

如果市场中频繁出现这样的情况，则会对正常的市场秩序造成破坏，会影响经济的正常发展。在股东退出的时候，其他股东可能会遇到对方提出股权溢价回购的要求。面对这一情况，其他股东应该谨慎对待。因为当公司处于发展上升期的时候，即使是溢价回购，也是值得的。但是，当公司处于发展低谷期的时候，溢价回购的做法就显得不科学了。

如果是因为发展的需要，那么对于公司中的其他股东来说，进行股权溢价回购是有必要的。正如前面内容中提到的，股权溢价回购的溢价是有一定范围的，任何人都不应该开出过高的溢价金额。股权回购申请是需要交到当地市场监督管理局相关管理部门的，溢价金额过高的话，是不可能得到工商管理部门批准的。

如果公司中的其他股东打算以股权溢价回购的方式收回退出股东手中的股权，正确的做法应该是全体股东进行集体商议，并给出一套合理的股权回购方案来。为了确保股权回购能顺利进行，公司还可以聘请专业的咨询顾问辅助制定回购计划。毕竟专业人士的经验较为丰富，能够对此作出合理的判断，并给出具有建设性的意见和建议来。

上述案例中提到的可口可乐公司，本来是希望以极高的收购价格来打动被收购方，减少收购的阻力，最终却因为高得离谱的收购价格让自己的收购计划胎死腹中。如果我们仔细分析这个案例，就不难发现，可口可乐公司在这整个过程中并没有做周密的计划，也没有聘请专业的人士进行指导。所以，我们由此也就能得出一些经验和教训来，即事先制定计划，及时向外界寻求专业人士的帮助，这些都是非常有必要的，能够让你少走弯路。

4.2 合约未到期股东如何退出

股东在合约期限内就要求退出转让股权。公司应该如何应对？公司如何在入股合同中设计惩罚机制，减少股东中途退出现象的发生？这些都是管理者在与股东签订入股合同时应该考虑的问题。

4.2.1 公司亏损退出方案

股东入股大多是看好公司的发展形势，然而当公司形势不明朗时，股东一般会及时止损，提出退出的申请。显然，在公司发展困难期股东退出无疑会让公司雪上加霜，所以为保证公司可以持续发展，管理者就需要建立一套完善可行的退出机制。

A、B、C 三人合伙开了一家舞蹈工作室。三人各自出资 5 万元，平均分配舞蹈工作室的股份。因三人关系要好，所以股权分配只是口头约定并没有签订协议或制定退出机制。

前期准备时，店铺租金花费 6 万元，装修花费 2 万元，购买服装、道具等花费 1 万元。工作室开业后，因前期宣传准备不充分，所以招生情况并不理想。虽然 A 对工作室非常有信心，但 B 逐渐丧失了信心。

最后，B提出退出。因当初没有制定退出机制，所以A与C只能同意B的退出，工作室退回B当初入股的5万元资金。资金短缺，一下让工作室陷入了危机，A与C苦苦支撑了几个月也终究没能让工作室起死回生。

在上述案例中，因三人在创业前没有设计退出方案，所以在公司亏损时，B的退出给公司带来了致命的打击。一些股东因关系亲近，在公司成立初期为了不损伤相互之间的感情，股份分配的问题只做口头约定。然而到了公司出现亏损或股东之间出现分歧的时候，股东的退出很可能给公司带来致命性打击。

因此，在公司成立之前，股东之间要就退股、转让股权以及退股后如何分配利润等问题，制定一份协议。这样才是成熟的合作机制。

没有人敢保证公司会一直处于稳步上升的状态。根据政策和市场的变化发展，公司会盈利，自然也会亏损。公司想要平稳度过低谷期，在建立退出机制时就要考虑以下两个因素。

1. 股东可以退出，但不能带走股份

在公司亏损时提出退出的股东大多没有想跟公司一起成长，而其初期的投资行为也可以算成是一种投机行为。从公司与股东双方的利益出发，这样的股东没有必要挽留，因为基本上不会挽留成功。

但是，为了避免资金链发生危机，影响公司的存续性，要在退出机制中约定，股东在公司亏损的状况下退出，是不能带走公司的启动资金和股份。

2. 规定资金占股与参与占股分离

大多数股东在初创公司时，选择按出资额分配占股。这种分配方式在公司成立初期看似很合理，但在公司经营过程中，人力的作用逐渐加大，会让一些投入人力较多的股东产生不平衡感。

公司为了避免股东之间产生不平衡感，规定资金占股和参与占股分离

是非常有必要的。资金占股和参与占股的具体比例可以根据公司具体情况来分配。一般都是资金占股较小，人力占股较大。这样既保证了公司在低谷期时股东不会带走太多的股份，又能调动股东的工作热情。

4.2.2　公司盈利退出方案

根据相关法律规定，股东不能随意地撤回投资，否则就算做抽逃出资，会受到行政和刑事处罚。股东只有在符合法定退股的情形下，才能在合约期内中途退股。

1. 股东退出时的股权定价策略

如果公司运营得好，一直处于盈利的状态，股东因为自身的原因要在合约期内退股，只能选择转让股权、请公司回购股权或者诉请解散公司的方式。

在公司运营好的情况下，公司制定退出机制应该主要考虑的就是价格因素。回购价格偏低会损害退出股东的利益，但因股东是在合约期内退股，所以定价也不宜过高。公司通常可以考虑以下三种方式进行定价，如图 4-1 所示。

协商价格

章程事先约定的价格
或者计算方式

司法评估价格

图 4-1　回购定价的三种方式

（1）协商价格。

股东提出退出后，公司与股东自行协商一个双方都满意的回购价格。

（2）章程事先约定的价格或者计算方式。

公司与股东签订入股合同时规定了中途股东退出的回购价格，例如，以退出时公司的净资产计算或是按原始出资价格退回等。

（3）司法评估价格。

因公司强制收回股权等情况，股东向人民法院申请诉讼退股，法院一般会委托专业的评估机构对价格进行评估。

2. 避免影响公司发展的退出机制

怎样制定退出机制才能尽可能地避免股东退出时发生矛盾，进而避免影响公司的发展？公司可以选择以下几个方法：

（1）建立股东准许退出机制。

①规定当某一大股东把持公司，导致其他股东的正常权益受限时，其他股东可申请退出公司，退出之前必须清算其权益。

②规定当某一股东与其他股东发生不可调和的矛盾，无法继续经营公司时，该股东可以申请退出公司，股权由其他股东收购。

③规定当公司连续两个财务年度利润收益不达标时，任何拥有股权10%以上的股东都可以提出公司解散，公司依法进行清算。

（2）建立限制股东退出机制。

①当公司不能清偿其债务时，退股股东也要承担部分清偿责任。

②收购公司的价格不能超过公司的净资产，以免损害债权人的利益。

③股东退股应当公告送达公司的债权人，若债权人不同意股东退股，公司需要清偿债权人的债务，再继续进行退股工作。

公司想要没有争议的解决股东在合约期内退出的问题，就要制定双向的约束机制。公司要秉持着公平合理的原则，在股东可以申请退出的情况下承认其对公司的贡献，用合理的价格回购其股权。但股东也不能利用退股的方法，逃避自己应尽的责任与义务。

4.2.3 股权转让限制

以自由为原则，以限制为例外是股权转让的总体规则。自由转让并不等于随意转让，对股权转让例外的限制不同程度地存在着，包括接手人的资格、转让场所、发起时间等。具体的限制有以下几种情形，如图4-2所示。

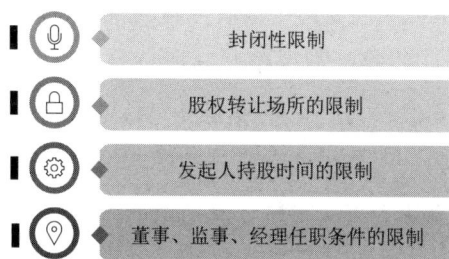

封闭性限制

股权转让场所的限制

发起人持股时间的限制

董事、监事、经理任职条件的限制

图 4-2 股权转让的限制

1. 封闭性限制

封闭性限制是指当股权接手人是公司以外第三人时，必须经半数以上的股东同意。若有股东不同意，则需要出资购买股权，如不出资，则视为同意转让。

2. 股权转让场所的限制

针对股份有限公司的股权转让，《中华人民共和国公司法》第一百三十八条规定："股东转让其股份，应当在依法设立的证券交易场所进行或者按照国务院规定的其他方式进行。"第一百四十条规定："无记名股票的转让，由股东将该股票交付给受让人后即发生转让的效力。"因此，出让方与受让人须在法律规定的证券交易场所进行股权转让。

3. 发起人持股时间的限制

《中华人民共和国公司法》第一百四十一条第一款规定："发起人持有

的本公司股份，自公司成立之日起一年内不得转让。公司公开发行股份前已发行的股份，自公司股票在证券交易所上市交易之日起一年内不得转让。"因此持有股权一年以上的股东才可以转让股权。

4. 董事、监事、经理任职条件的限制

《中华人民共和国公司法》第一百四十一条第二款规定："公司董事、监事、高级管理人员应当向公司申报所持有的本公司的股份及其变动情况，在任职期间每年转让的股份不得超过其所持有本公司股份总数的百分之二十五；所持本公司股份自公司股票上市交易之日起一年内不得转让。上述人员离职后半年内，不得转让其所持有的本公司股份。公司章程可以对公司董事、监事、高级管理人员转让其所持有的本公司股份作出其他限制性规定。"

法律对高级管理人员作出股份转让的限制，也是为了防止公司内部信息的泄露，从而保护其他股东的利益。

4.2.4 股东退出惩罚机制

从以上的分析中可以看出，不论股东是以何种方式退出公司的，其退出行为都会或多或少地影响到公司中其他股东的利益，甚至会影响到整个公司的发展。所以说，这种股东退出公司的行为是需要限制的，或者说，这种行为是需要约束的。公司要想达到对股东的退出行为进行约束的目的，最有效的措施就是制定退出惩罚机制。

如果事先没有制定相应的退出惩罚机制，也就意味着，股东可以随意退出公司。因为即使他们退出了公司，也不会有什么损失。在现实生活中，很多公司中的股东是亲朋好友，他们在成立公司之初，觉得大家都是值得信赖的。他们往往还会认为在亲朋好友面前谈强制性的惩罚措施是不友好的。正是在这种观念的引导下，让很多公司忽略了退出惩罚机制的制定。

然而，随着时间的推移以及公司的运营发展，这些以亲朋好友自诩的股东开始频繁"掉链子"，以至于严重影响到公司的发展。直到此时，很多人才开始明白当初没有制定退出惩罚机制是错误的。

凡是涉及合伙创业、合伙开公司这样的大事，并且是持续时间较久的事情，先小人后君子远比先君子后小人要好。一般来说，制定退出惩罚机制可以从三个方面入手，其内容如图4-3所示。

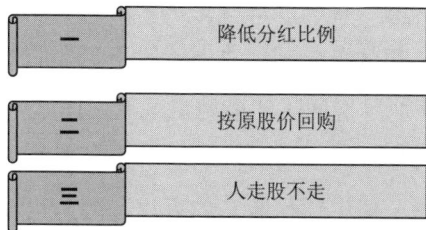

一	降低分红比例
二	按原股价回购
三	人走股不走

图 4-3　制定退出惩罚机制的三个切入点

1.降低分红比例

股东对公司的经营所得享有分红权，这也是股东的收入来源之一。如果公司经营情况良好，股东的分红所得是非常可观的。为了对股东的退出行为起到抑制的作用，公司可以考虑降低退出者的分红比例，或者是取消其分红资格。如果是一家经营情况良好的公司，不论是降低股东的分红比例，还是取消退出者分红资格，都会极大地影响到他的经济利益。相信在经济利益的驱使下，这样的措施是可以对股东的退出行为起到一定的约束作用的。

2.按原股价回购

股东提出退出公司的时候，是可以带走其在公司中所享有的股权的。此时，公司中的其他股东也可以通过股权回购的方式，收回退出者手中的股权，防止外界势力介入公司。但是，由于公司经过发展，所以股权的价格也会随之增长。

为了约束股东的退出行为，全体股东可以事先制定原价回购退出者股权的条约。公司的经营时间越长，这一规定对于退出者的利益影响也就越明显。从理论上来说，这一规定可以对股东的退出行为起到约束作用。

3. 人走股不走

有人会说，按原股价回购退出者手中的股权并不能起到约束作用。因为退出者有权选择带走股权，而不是接受按原股价回购的要求。事实上，这一问题是很好解决的。解决办法就是本条措施，即人走股不走。全体股东可以在公司成立之初就事先制定"人走股不走"的条例。有了这一条例作为前提，上一条按原股价回购的措施也就能发挥作用了。

股东需要明白的是，退出惩罚机制对于公司中的任何一个股东都是一样的，并不存在针对公司中任何股东的意思，因为也没有人能预测到谁会最先提出退出公司。为了保证退出惩罚机制能够有效实施，这些内容应该在公司成立之初就商议并制定。否则，当股东提出退出要求后再制定这些内容就很难具有说服力，也就难以达到最终的目的了。

5

|第 5 章|

风险规避：将股权分配的风险扼杀在摇篮里

在股权分配过程中，一直伴随着风险，如果分配不合理，就为后期埋下了隐患，轻则让公司长时间动荡，重则破产倒闭。

5.1 失败的股权分配是"隐形杀手"

许多人因为过度乐观，对当下的事实很容易达成妥协，而对未来可能发生的变化缺少研究，导致在后期的发展中，面临被动的局面。

5.1.1 股权分配影响权力分配

股权分配一直都是公司经营的难题。那么，股权分配比例不同，有什么区别呢？大部分公司都是由股东会负责决策，而股东的股权分配比例决定了自己在股东会中享有的权利。下面是几个重要的股权比例对应的权利，如图 5-1 所示。

67%：绝对控制权

51%：相对控制权

34%：一票否决权

10%：临时会议权

图 5-1 几个重要的股权比例对应的权利

1.67%：绝对控制权

《中华人民共和国公司法》第四十三条第二款规定："股东会会议作出修改公司章程、增加或者减少注册资本的决议，以及公司合并、分立、解散或者变更公司形式的决议，必须经代表三分之二以上表决权的股东通过。"也就是说，拥有公司 67% 股权的股东拥有公司的绝对控制权，可以一票通过公司的重大决议和事项。

2.51%：相对控制权

《中华人民共和国公司法》九十条规定："发起人应当在创立大会召开十五日前将会议日期通知各认股人或者予以公告。创立大会应有代表股份总数过半数的发起人、认股人出席，方可举行。

创立大会行使下列职权：

（一）审议发起人关于公司筹办情况的报告；

（二）通过公司章程；

（三）选举董事会成员；

（四）选举监事会成员；

（五）对公司的设立费用进行审核；

（六）对发起人用于抵作股款的财产的作价进行审核；

（七）发生不可抗力或者经营条件发生重大变化直接影响公司设立的，可以作出不设立公司的决议。

创立大会对前款所列事项作出决议，必须经出席会议的认股人所持表决权过半数通过。"

也就是说，拥有公司 51% 股权的股东可以一票通过公司的多数事项，对公司的经营有着举足轻重的作用。

3.34%：一票否决权

如果某一个股东拥有了 34% 的股权，那么，其他股东加起来也不可能拥有 67% 的股权。因此，只要这个股东投反对票，股东会的决议就肯定不会通过。也就是说，拥有公司 1/3 以上股权的股东可以对重大事项一票否决，逆转公司的一些重要决策。

4.10%：临时会议权

《中华人民共和国公司法》第三十九条规定："股东会会议分为定期会议和临时会议。定期会议应当依照公司章程的规定按时召开。代表十分之一以上表决权的股东，三分之一以上的董事，监事会或者不设监事会的公司的监事提议召开临时会议的，应当召开临时会议。"

也就是说，拥有公司 10% 表决权的股东可以提议召开临时会议，提出质询、调查、起诉、清算、解散公司的议案。

5.1.2　股权分配的僵局如何化解

股权僵局是指公司运营过程中，由于股东之间、股东与高管之间矛盾激化而出现僵持状况，股东会、董事会依据公司内部治理机制无法作出有效决策，公司因此陷入无法正常运转，甚至瘫痪的状况。公司该如何化解股权僵局呢？有以下三个方法。

方法一：创始人在设计股权分配方案时安排一个绝对控股的股东。例如，创始人自己占股超过 50%。

方法二：为了避免大股东在决策时受小股东牵制，创始人可以在设计公司章程时约定具体议事规则。

甲乙双方合伙开一家公司，董事会共 5 人，甲方出 4 人，乙方出 1 人，且规定每次董事会至少有 4 人参加，并必须包括甲乙双方代表。表面上，甲方占据多个董事会的席位对公司有控制权，但在需要股东一致同意时，如果乙方不同意或乙方代表不参加董事会，公司就不能通过决议，乙方反而占据了主动。

对此，甲方可以对公司章程作出以下规定：

（1）每次董事会至少有 4 名董事出席并包括甲乙双方代表；

（2）如果一方未参加，应提前 7 日通知召开另一次董事会；

（3）在重新召开董事会时，任何 4 名董事参加会议即可作出任何董事会决议。

这样修改后，既保证了甲乙双方权利的公平，又避免了乙方故意不参加董事会的情况出现，不会影响公司的重要决策安排。

方法三：如果公司成立时两个主要股东持有的股权一样多，创始人可以在公司章程中规定，公司增资时根据股东实际负责业务的情况，确定其在新增资本中所占的股权比例。这样可以让主要经营者控制公司的运作。

A和B都持有某公司40%的股权，C持有20%的股权。A担任高管，负责公司日常的经营管理，B和C不直接参与公司经营，只是到年底参与利润分配。为了避免纠纷保证正常发展，公司在增资扩股时可以多分配给A一些。假设公司增扩100股，可以分给A60%，分给B30%，分给C10%。这样就可以使A拥有主要的经营决策权，让公司的命运掌握在A手中，防止公司出现"股权僵局"。

5.1.3 随时会"爆炸"的股权架构

近年来，创始人／股东之间的股权纠纷导致公司在发展上升期突然"停摆"的案例屡见不鲜。

某娱乐产业垂直媒体的微信公众平台，由陈某和邹某合伙创办起来。在最初进行公司股权分配的时候，考虑到陈某有怀孕的打算，可能会影响正常的工作。两人最终商定的股权分配结果是，邹某占股60%，陈某占股40%。

该微信公众平台自运营以来，就受到了粉丝的一致好评。经过一年多的发展，该微信公众平台成功积累了数以万计的粉丝。当该微信公众平台发展到一定阶段需要进行融资的时候，邹某对此前约定的股权分配额度表示了不满。她认为陈某的怀孕严重影响了公司的运作，坚持要以稀释陈某的股权为前提进行融资，以确保自己的大股东地位。在此过程中，为了让陈某能答应她的条件，邹某甚至不惜做出了一些十分过激的举动。最终，陈某发文《某微信公众平台即日起将暂停更新》，正式与股东邹某公开决裂。

两位创始人这样做，不仅没有使各自的获利有所增加，反而给自己辛苦创办起来的微信公众平台带来了致命性的打击。在公司发展的关键时期，本应该各方团结一致，更上一层楼，但因创始人之间的股权纠纷导致平台暂停更新。对于新媒体行业来说，暂停更新就意味着粉丝的流失，意味着该微信公众平台将会逐渐淡出粉丝的视野。要知道，对于公众号来说，粉丝是最重要的组成部分。没有粉丝，公众号也就失去了存在和发展的价值。

该微信公众平台之所以会发生这样的问题，主要的原因正是其股权架构存在问题。邹某在公司中占据了大份额的股权，使得她有了更大的决策权。而且，这两个创始人没有制定动态股权分配制度，也没有制定权力约束机制。这在一定程度上助长了大股东决策的随意性。这样一来，随着公司的发展，大股东认为自身付出较多，理应得到更多的股权，就会对最初的股权分配方案产生不满。最终，这起股权纷争为公司带来的结果就是，创始人之间的矛盾，使辛苦建立起来的公司面临解散。

假如该微信公众平台的两个创始人一开始就为公司制定了动态股权分配制度，那么，在此后的经营过程中，邹某就无法提出增加股权的要求。即使她希望增加自己的股权，也只能通过努力为公司作贡献，增加公司利益的方式来实现，这样也就不会给公司的发展带来不利影响。对于一家公司来说，股权架构直接关系到公司之后的生存和发展。所以，创始人最好在公司成立初期就制定好股权架构，规避风险。

5.2 股权分配的风险及规避

创业初期的股权分配方案常会存在一定风险，例如，出资较多的股东坐享其成、夫妻股东导致公司行为跟个人行为人格混同、代持股权名义不清等。

5.2.1 股东坐享其成：限制性股权

《中华人民共和国公司法》第三十四条规定："股东按照实缴的出资比例分取红利；公司新增资本时，股东有权优先按照实缴的出资比例认缴出资。但是，全体股东约定不按照出资比例分取红利或者不按照出资比例优先认缴出资的除外。"因此，现在大部分公司都按出资多少来分配股权。但这样的分配方式没有体现贡献度的合理价值，可能会导致一部分贡献较低的股东坐享其成。

例如，A、B、C三人合资开公司，A出资 50 万元，占股 50%；B出资 30 万元，占股 30%；C出资 20 万元，占股 20%。

一年后，B提出离职，但希望保留股权，原因是公司没有规定股东在离职后必须退股。这样就出现了一个问题，A、C继续经营公司，显然对公司的发展作出了巨大的贡献。然而B只出资 30 万元，没有参与公司后续的任何经营，却占了 30% 的股权，这对A和C来说是不公平的。

对此，最合理的解决方法就是谁创造价值，谁分配利益，既要对钱定价，也要对人定价。资金占股只占股东全部股权的一部分，剩下的应该按作出的贡献分配。在上述案例中，按照公司的整体估值，资金占股的比例应该控制在30%～70%之间，余下的份额可以对作出贡献的人进行激励。按照这样的分配方法，假如B在一年后离职，即使保留一部分股权，也不能对公司造成很大的影响。

除此之外，一个重要的股东突然离职，公司的资金可能无法按市值回购其股权。如果强行回购可能会出现公司现金流压力加大，资金链断裂的风险。这样的情况，最好的办法就是让股东拿限制性股权。限制性股权的好处是让股东的股权分期成熟，分期兑换。常见的股权成熟和兑换机制有以下四种：

（1）分4年，每年成熟1/4；

（2）第一年成熟10%，第二年成熟20%，第三年成熟30%，第四年成熟40%，逐年递增；

（3）全职满2年成熟50%，第3年成熟75%，第4年成熟100%；

（4）国外常见的是，5年成熟，干满1年成熟1/5，剩下的每月成熟1/60。

按照这样的模式，如果有股东中途离职，引发股权收购问题。对于还没有成熟的股权，公司可以用原价进行回购；对于已经成熟的股权，公司可以根据实际情况选择回购或者不回购。这样既保证了股东不会轻易离职，也可以在一定程度上缓解公司的资金压力。

5.2.2 "夫妻股权"的风险及规避

很多初创公司都是夫妻二人共同创业，这种"夫妻店"，初始股东只有夫妻二人，股权结构隐藏着极大的风险。由于《中华人民共和国民法典》婚姻家庭编中规定的夫妻共同财产制，公司股权实际上被同一所有权控制，极易造成公司财产和家庭财产的混同，导致创始人要为公司行为承担法律责任。

我国某省高级人民法院曾发布一则案例。A公司在11月向B公司借款57.5万元，A公司的法定代表人张某后又在12月代表A公司向B公司借款10万元。但是借款到期后，A公司并未如期偿还借款。

B公司将A公司告上法庭，要求A公司偿还借款。因A公司股东张某和赵某为夫妻关系，所以B公司要求张某和赵某两人对公司债务承担连带责任。

省高级人民法院认为，张某、赵某两人与A公司存在人格混同，应对公司债务承担连带赔偿责任。A公司只有两个股东，分别为张某和赵某，二人为夫妻关系，二人承认公司由张某经营，赵某未参与公司经营，且公司均由张某一人作出决策，不具有独立意思，导致公司缺乏法人独立地位。

同时，公司经营过程中没有公司账册，日常资金往来均使用张某名下的个人银行卡，且该银行卡还用于结算家庭日常消费。A公司与股东张某之间的财务关系未作区分股东自身收益与公司盈利不加区分，导致A公司财产与股东张某的个人财产无法区分。赵某与张某系夫妻关系亦是公司股东，且涉案借款用于夫妻共同经营的公司，所得利润亦用于家庭日常消费，所以该借款属于夫妻共同债务，赵某和张某应对此共同承担连带责任。据此，股东张某、赵某前述行为造成公司人格与股东人格混同，损害了公司债权人的利益，应对A公司的债务承担连带责任。

根据上述案例可以看出，夫妻共同作为公司股东很容易导致公司人格混同。对于判定公司与股东是否存在人格混同，法院不仅会作形式审查，还会作实质审查。因此，夫妻二人在设立公司前，最好签订财产分割协议，切割夫妻财产，由夫妻一方投资设立公司，并约定公司股权归属夫妻一方，避免日后离婚或意外情况出现影响公司正常经营。

另外，股东的财产最好与公司财产明确区分。公司应开设独立账户，建立明晰的账册，定期按照公司规定向股东分红。股东也不能让客户直接将公司的业务款项汇入自己的私人账户，否则很容易被判定为股东个人财产与公司财产无法区分。而且公司决策应按照公司规定，由董事会决议，切不可由个人擅自代替董事会作出决策，否则也容易被判定为公司不具有独立意思，缺乏法人独立地位。

5.2.3 股权代持的风险及规避

股权代持是指实际出资人委托名义股东代为持有公司股权、在公司章程中署名、在工商局登记。

1. 股权代持的原因

使用股权代持这种形式的原因有以下四方面：

（1）避免形式上的关联性

例如，创始人从事跨境电商业务，基于公司发展的考量，需要成立多家自己为实际控制人的公司帮助运作。于是，除一家公司创始人显名持股外，剩下几家公司皆委托员工持股，让这几家公司从表面上看起来没有关联性。

（2）特殊身份型股权代持

如果委托持股方具有特殊身份，如某知名公司高管、上市公司股东等，不方便作为其他公司的显名股东在工商局登记，会选择股权代持的方式让其他人代为持有股权。

（3）创始人控制权的考量

早期的创始团队一般都会预留股权，这部分股权不能登记为无主股权，于是就由创始人代为持股。还有一些公司在持股平台没有搭建的时候，对于给予员工激励的股权，创始人也可能代为持有，代替员工行使表决权。

（4）避免股东人数过多

《中华人民共和国公司法》明确规定有限责任公司股东数不得超过50人，股份有限责任公司（非上市）股东数不得超过200人。有些公司股东人数较多甚至超过上限，小股东就会委托大股东代持股权。

2. 股权代持的风险

股权代持也存在一定的风险。下面是股权代持的四种风险。

（1）股权代持方案的风险

股权代持方案的风险有：一是方案设计本身违反了法律规定，导致协议无效；二是股权代持方案涉及的目标公司出现注销、破产等关闭情形，影响股权代持的实现。

（2）来自名义股东的风险

来自名义股东的风险有：一是名义股东自身有外部债务，将代持股权作为担保，这样一来，代持的股权有可能产生被处分的风险；二是名义股东收到出资款后，没有将出资款注入公司，侵占了实际出资人的资产；三是公司将投资收益先转给名义股东，名义股东没有支付给实际出资人；四是名义股东本身是法人主体，如果名义股东自身出现任何风险（例如，公司注销、破产等）都会影响到代持股权。

（3）来自隐名股东的风险

《中华人民共和国公司法》第三条第二款规定："有限责任公司的股东以其认缴的出资额为限对公司承担责任；股份有限公司的股东以其认购的股份为限对公司承担责任。"在这种情况下，实际出资人应按股权代持协议中约定的出资额认缴出资。一旦实际出资人反悔，名义股东就必须承担出资义务。

（4）第三方的风险

第三方的风险要更复杂一些，有四种情形：一是名义股东的代持股权被债权人申请了强制执行，这样代持股权就可能被第三方处分；二是名义股东离婚或去世，其继承人要求处分代持股权，这样代持股也可能被第三方分割；三是名义股东自身涉及清算，代持股权可能被纳入清算资产中，被抵债处理；四是隐名股东想要显名时，如果公司内部其他股东想行使优先购买权可能会影响隐名股东顺利显名登记。

3. 风险预防策略

对于上述的四种风险，有三种预防策略：

（1）选择合适的代持主体

针对名义股东恶意侵占财产等现象，对于出资人来说，最优的代持方案是选择可信的代持主体。通常要注意四个方面：一是信用等级佳；二是经济活动不频繁；三是选择自然人代持；四是委托近亲属、朋友代持。

（2）签署完善的股权代持协议

签署完善的股权代持协议是非常重要的步骤。股权代持协议不仅要明确名义股东与隐名股东的责任、权利、义务，还要约定违约责任和纠纷处理办法。

（3）代持合同履行期间的监督

除有协议外，协议的监督和落实也非常重要。股权投资的周期一般都很长，中间会发生许多变化。如果出资人只是暂时无法显名，则需要充分了解代持股权所在的公司，尽量直接参与公司的管理，并保证股权代持协议被公司的其他股东认可，方便将来顺利显名登记。如果出资人并没有显名的打算，也要监督名义股东履行代持义务和行使权利的情况，以便规避股权代持的风险。

6

|第6章|

选择合作伙伴：选对合作伙伴是事业成功的基础

　　合作伙伴之所以容易与创业者分道扬镳，主要是因为创业者对合作伙伴了解不够深。那具体来说，创业者应该选择什么样的合作伙伴作为公司股东？公司股东又有什么标准？如何合理评估股东？如何做才能减少不必要的摩擦？只有解决这些问题，合作创业才能够少走弯路。

6.1 与志向相投的人合作

创业者需要找到志同道合的合作伙伴。创业者与合作伙伴的创业目标、方向一致为"志同"；经营思路和策略能够求同存异，没有根本性、不可调和的矛盾为"道合"。创业者在选择合作伙伴作为股东时，如何将"志同道合"的标准具体落实，下面进行详细介绍。

6.1.1 "三观"一致

创业者选择占股较多的高级别合作伙伴，要尽量保证彼此的背景相似。如果大家拥有相似的经历、背景，那么很大程度上可以避免思想观念的过大差异。双方经历相似，可以缩短磨合期，保证股东之间不会因为各自的原则性问题发生冲突。

创始人还要考虑到合作伙伴的人生观和价值观。价值观虽然听起来似乎是相对虚无的概念，但它实际上却是选择合作伙伴时很重要的因素之一。在选择合作伙伴时，创始人也要衡量自己心中的价值观，以作为参照。如果股东之间的价值观差异太大，在公司未来运营过程中，可能会引起团队内的决策失误，同时也会造成团队成员无法齐心协力并肩战斗，公司就会逐渐地分崩离析。

如果一个人的价值观同团队其他成员的价值观差异很大，即使他手中握有众多的优质资源，也不能让他进入公司。公司的运营资金能够决定公司做多大，而公司团队的文化价值观则能够决定公司走多远。

下面举个例子说明。

吕某是一名留学归来的"海归"，他打算创办一家互联网公司。由于对国内大环境不了解，他找到了原就业于互联网公司的一名小经理金某与他合作，共同创立公司。公司开始运营的最初几个月团队内成员相处还算融洽，但是在之后却逐渐出现了问题。吕某发现他与金某每次在项目问题上都会争吵。

例如，公司通过金某的人际关系资源获得了一项软件开发的业务。吕某认为团队的核心技术不足以支撑开发该软件，想要将该项目通过外包的形式完成。而金某却认为，如果通过外包完成业务获得的收益较少，不如放手一搏。

这个项目在金某的坚持下由公司团队运营，虽然勉强完成，但由于漏洞较多需要不断返工，造成项目耗时较长、耗费人力费用较多，最后收益远低于预期收益。

以上案例说明，若团队内的股东长期意见不统一，团队矛盾也会越来越大，造成团队整体投入度较低，甚至可能造成公司的分崩离析。

6.1.2　乐于付出，不爱计较

创业者在寻找合作伙伴作为公司股东时，奉献精神是非常重要的考察因素。在创业过程中，创业者与合作伙伴不可避免地会产生摩擦，有时需要一方让步来维护公司的利益。当公司出现失利、亏损的情况时，创业者与股东也要承担起相应的责任。一个有奉献牺牲精神的股东会以公司利益为先，不吝惜付出。

如果股东将自己的私利凌驾于公司的利益之上，遇到问题时首先想着如何保全自己的利益，很明显不利于公司解决问题，有时甚至会因此让公司陷入更深的危机之中。对于这样只在意自己的利益，不在乎他人付出的股东，创业者要将其从选项中排除，否则会为公司带来无尽的隐患。

有奉献牺牲精神的合作伙伴可以与创业者同甘共苦。如果股东在面对危机时选择退出，毫无疑问会将创业者置于风暴中心，最后可能导致公司分崩离析、创业者与股东对簿公堂。具有奉献精神的股东不会抛弃同伴，而是选择与对方共渡难关。

有奉献牺牲精神的合作伙伴会重诺守信。重诺守信不只是创业者对股东的考量，也是做人最基本的道德要求。股东拥有公司的高级权限，可以查看公司内部所有的技术秘密、人员档案等信息。一旦股东在利益的驱使下不守承诺，损害公司利益，公司的未来显然会一片黯淡。

有奉献牺牲精神的合作伙伴会全力拼搏。在一个公司中，每个人的能力不同，有的人擅长培养员工、有的人擅长市场营销、有的人擅长财务管理等。股东们的能力彼此补充，支撑着公司正常运作。

有奉献精神的合作伙伴知道自己的长处，不会吝惜使用自己的能力，也不会抱怨自己的工作。无论在哪个岗位，只要能对公司有帮助，股东都会努力工作，最大限度地发挥自己的能量，为公司带来最大化的收益。

有奉献精神的合作伙伴会以身作则，树立良好的榜样，带领员工发挥自己的价值，创造整体大于部分之和的效果。

综上，有奉献牺牲精神的人是创业者梦寐以求的合作对象。

6.1.3　取你的长处补我的短处

合作创业、设立公司不是小孩子玩过家家，不是请客吃饭，不是儿戏，而是创业者人生中很重要的一件事情，找合作伙伴更需要智慧。在找合作伙伴时，创业者最理智的做法就是找到能够迅速融入团队、能与团队成员形成优势互补的人。这样创业团队才能够形成一股合力，达到"1+1 > 2"的团队效果。

其实，许多创业团队都很羡慕《西游记》中的"取经人"团队，认为这是合作创业中一个较为理想的团队。虽然每个取经人员都有各自的缺点，但是他们能够为了整体的利益，逐渐克服自身的缺陷，发挥各自的优势，屡次战胜路上的妖魔鬼怪，最终求取到真经。

　　孙悟空在取经路上，不断克服冲动、暴躁的性格缺点，发挥能打善战的优势，驱逐各路妖魔，保卫唐僧的安全；猪八戒平时虽然很懒，总是吵着要回高老庄，可是在危难关头也总会优先考虑团体利益，做好自己的本职工作，另外，猪八戒还像一个幽默大师，是团队的开心果，一路上团队遇到的各类趣事都离不开他，他给西游团队带来了许多欢乐；沙僧则是一个兢兢业业、任劳任怨的蓝领工作者，他是核心的后勤保障人员，离开了他，西游团队的日常生活就不能正常维持；唐僧则是取经路上的"指路明灯"，是精神领袖，是坚定不移的追梦人。正是这样一个神奇的组合，才使得他们完成了取得真经的伟大壮举。

　　创业者可以根据团队的需要，根据公司发展的需要，选择最合适的互补型人才。整体来看，互补性人才分为三种，分别是管理风格互补、性情互补和技能互补。

　　不同的人，其管理风格也会大相径庭，而团队中的成员所能够接受的管理风格也各不相同。所以，如果团队内部只有一种管理风格，团队管理就会缺乏灵活性。某些不喜欢这种管理风格的员工就会选择离职，从而导致团队人才流失，不利于团队的迅速扩张与发展。

　　公司的创始人员应该努力寻找与自己管理风格不同的管理人员，用他们的管理方法，来带领、塑造整个团队，最终为公司打造出一支有创意、有才干、有执行力的铁军，这样，公司的竞争力才会大幅提升。

　　性情互补的人在同一个团队中，能够降低团队决策的失误率。如果团队的创始人员个个都像猛张飞一样，性格火暴，容易冲动，则必然会在工作中出现很多决策上的失误。如果团队的创始人员中既存在像刘备一样温良谦恭的管理者，又存在像关羽一样忠心耿耿的执行者，还存在像诸葛亮一样才智出众的策划者，那么，创业队伍做事必然会更加细致，决策的失误率也会更低。

　　技能互补的人在同一个团队中，能够保持团队的高效运转。如果团队成员和股东都是技术大咖，不懂得运营，那么，团队可能会出现产品技术含量高，但是销售却不好的状况；相反，如果团队中存在的都是会运营的人士，而缺乏核心的技术人才，那么，产品就不能得到升级迭代，团队发展自然也会被葬送。

创业者需要找一个能够弥补自身不足的合作伙伴，与自己保持同步，通力合作。只有这样，才能在公司发展遇到问题时，实现优势互补，寻找出解决问题的新思路和新方法，最终形成组合力量，增强公司的整体竞争力，实现共同创业的成功。

6.1.4　测试潜在合作伙伴的适配度

在邀请对方成为合作伙伴之前，创始人应该先对其进行了解和测试，以此来确定彼此之间是否能够擦出火花。

许多经历过合作创业的人都有着类似的看法：一家初创公司想要成功，光有优秀的人才还不够，更关键的是团队股东有着科学的分工、密切的协作和高效的执行力。

那么，创始人该如何对合作伙伴进行适配度测试呢？下面为大家提供了三种检测股东的方法，如图 6-1 所示。

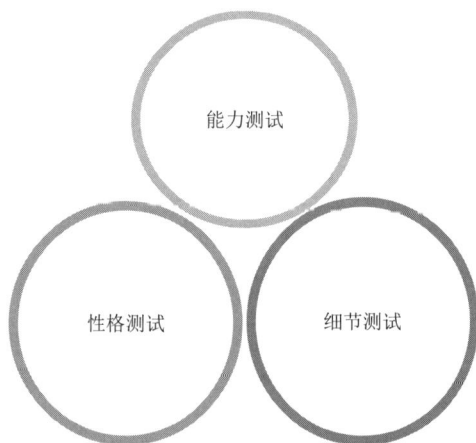

图 6-1　测试潜在合作伙伴的三种方法

方法一：能力测试法

能力测试法主要考查潜在合作伙伴的核心技能。如果创业者要找一个技术股东，那么，他就需要根据业内相关的标准，对这名股东的能力进行综合的评价，或者深入了解他之前的技术成就和技术创新能力。如果创业者要找一名运营股东，那么，他就要对对方的从业历史以及成功的经验有着深刻的了解。

上海的一家房地产公司在找合作伙伴时出现了明显的失误，最终导致销售业绩一路下滑。该房产公司的创始人曾在房产销售不好的情况下，决定效仿大公司进行股东制度改革。这样的思路没有问题，但是在具体的执行层面却出现了严重的错误。

起初，该房地产公司的董事会邀请了公司内部多名中层管理人员入股，成为公司的股东。此举虽然能够增加他们工作的积极性，可这些管理人员的眼界不够开阔、格局较小、能力较低，因而在很多重大事情的决策上，只知道盲从于董事会的决策，缺乏主见。最终，这项举措并未使公司的销售业绩得到提高。

鉴于此种情形，董事会决定从外部引入更优秀的职业经理作为公司的股东。他们引入了一名业务娴熟的房产业务经理人作为股东。优秀人才的引入为公司提供了新理念和新动力，销售业绩也逐渐好转。

方法二：性格测试法

创始团队在招人的时候，必须深入了解各个合作伙伴的性格特征。一方面，合作伙伴的性格特征要能与团队内的其他股东形成互补；另一方面，合作伙伴又要具备感召力，能带领团队完成目标。只有具备这双重特征，他才能够成为优质的股东，公司的发展才会少走弯路。

方法三：细节测试法

这种方法重点考查股东业务管理的细致程度。如果创业团队要找一名专业的财务股东或人事管理股东，都可以利用这一方法。例如，在选择人事管理股东时，要注重他的外在形象，以及他日常的行为习惯和做事方法，通过耐心细致地观察，最终决定是否展开深度的合作。

如果创始团队成员拥有良好的沟通能力和协作技巧，必然可以将许多问题扼杀于摇篮之中。在选择潜在合作伙伴的时候，创始人要根据岗位的要求和实际状况，用最合适的方法，找到最合适的人选。这样才能够在未来的合作中，把团队优势发挥到最大，使公司获得较高的盈利。

6.2　行业背书至关重要

创业者在寻找合作伙伴时，不仅要在意精神上的共鸣，更要看重对方的"硬实力"。有实力的股东才能与创业者一起并肩作战。创业者在考察合作伙伴的实力时，可以从其实际操作的项目经历、拥有的核心资源等方向询问了解。

6.2.1　经验：合作伙伴经手过的项目

创业者在寻找合作伙伴时，相比工作经验，应该更重视对方的项目经历。一个人的工作经验反映的只是他之前的工作内容，但项目经历能展现他在工作中的实际动手能力，更能体现他在自己专业领域的水平。

在与合作伙伴进行交谈时，创业者应该多引导对方讲述工作中的项目经历，如，是否独立操作过项目、在项目中扮演的角色等，通过这些答案可以了解对方对其工作领域的掌握程度和遇到危机时的解决能力。

创业者应根据未来公司将要展开的工作，从合作伙伴的项目经历中选取相关度较大的项目让对方讲述。创业者应通过合作伙伴的表述，判断其在项目过程中承担的工作是否具有不可替代性，思考合作伙伴在遇到问题的解决思路及实施方案是否具备核心竞争力。

一般来说，创业者在与合作伙伴交流项目经历时，用 STAR 法则来收集信息会比较精准。"STAR" 是 Situation（情境）、Task（任务）、Action（行动）、Result（结果）的首字母缩写组合，通过项目发生的情境、合作伙伴对任务的明确、采取的行动、获得的结果这四步来剖析，创业者能够精确预测对方在未来合作时会有怎样的表现。

创业者需要认真聆听合作伙伴对项目经历的表述。同样一件事，一个人有层次地一步步展开讲述与想到哪里说到哪里，最终表现出的结果是完全不同的。当合作伙伴能条理清晰地将项目经历娓娓道来，每个核心步骤都讲述得简单易懂时，传达出的是其优秀的逻辑思维与语言表达能力，这也是合作伙伴在工作交谈中必不可少的能力。

创业者应根据自己的经历，辨别合作伙伴在讲述项目经历中创造的形象是真实的还是为了提高形象而虚构的。有些人会将项目经历中其他人的功劳归到自己的名下，但由于不了解具体工作内容，只要创业者稍加追问就会露出马脚。真实与真诚是合作的基础，对项目经历造假的合作伙伴，创业者需要谨慎对待。

6.2.2 资源：合作伙伴的突出价值

观察合作伙伴提供的资源是创业者判断和筛选公司股东需要注意的第三个问题。创业者应当让合作伙伴将承诺提供的资源写下来，保证这些资源落到实处。优秀的合作伙伴可以给你介绍很多人，有可能对你的项目发展起到关键性推动作用。

孙某成立了一家风投机构，初期 3 个合作伙伴、10 多个全职职工，管理超过 1 亿美元的资金。孙某积极参与投后管理，为创业公司提供各种资源。

孙某每年都会参加各种类型的 CEO、CFO 和 CTO 的年度峰会。这些峰会上会邀请大量的投资人及被投公司参加。孙某参加此类活动的目的是为公司引入 1 名股东。因为公司目前在获取创业者资源上比较吃力，他希望引入的股东有丰富的创业者资源以及经验。

如果被引入的股东拥有丰富的经验，有人才等资源，并积极为创业者提供增值服务，那么在圈子里的名声一定不会差。所以在寻找的过程中，孙某一是自己去寻找，二是通过朋友推荐。

在与潜在的合作伙伴联系上之后，孙某都会要求对方提供一些被投公司的名单，并联系被投公司的创始人去核实情况。因为有些人为了成为股东会刻意夸大自己的成果。

同时，孙某会要求对方将能提供的资源写在纸上，并将自己需要的核心资源与对方进行匹配，如果能匹配上就可以进入下一步考察。

6.2.3　人品：合作伙伴为人处世的状况

能参与合作创业的人有很多，但真正能与伙伴同甘共苦的人却寥寥无几。在我们的生活中也有很多"过河拆桥"的人。有的人利用合作伙伴的优势让自己的事业走上轨道后，就收购其他股东股份，将其他股东抛弃。一旦与这样的人合作，创业者的努力很可能就会被破坏，使心血付之东流，甚至沦为别人创业的跳板。因此，创业者选择合作伙伴时，一定要把人品放在第一位置。

如何才能判断合作伙伴的品行好坏呢？最佳的办法就是走进他的朋友圈，看他的朋友、同事对他的评价和看法。具体来说，创业者在关注所要选择合作伙伴的朋友圈时，要从以下五个方面了解他的品行。

首先，合作伙伴要坚守承诺，信誉良好

李嘉诚说："坚守诺言，建立良好的信誉，一个人良好的信誉，是走向成功的不可缺少的前提条件。"在公司创建初期，诚信起着重要的作用，它甚至决定着创业的成败。如果合作伙伴不守信用，反复无常，往往会给公司带来毁灭性的打击。

所以，创业者在选择股东的时候，一定要擦亮眼睛，多打听股东在信用道德方面的问题，以免让居心不良者有了可乘之机。

其次，合作伙伴要有脚踏实地，不断进取的精神

在优胜劣汰、适者生存的商业竞争中，一个不思进取的人早晚会被淘汰。创业者拥有一个务实、脚踏实地、肯干能吃苦的合作伙伴，就会使公司变得更强更大。同时，创业者还要让合作团队时刻保持旺盛的生命力，不断地让优秀的股东加入，保证自己的创业团队是最优秀、最有战斗力的团队，这样才能把公司做得更大、更优秀。

再次，合作伙伴的合作意识必须强，要尽职尽责

事业成功不是一个人单打独斗就能实现的，需要很多人通力合作。合作意识强的伙伴会让工作更加有默契。拥有合作精神的股东，并不需要创业者与之进行太多交流。可能创业者的一个动作，一个眼神，他们就能心领神会。

同时，有合作精神的合作伙伴还能够时刻为对方着想，在发生问题时，懂得反思自己做错了什么，还能做什么，而不会将责任推给其他人，埋怨其他人。

另外，合作伙伴不要斤斤计较，要有宽容大度的品质。斤斤计较的合作者总是把辛苦的工作推给搭档，自己挑轻松的做。斤斤计较的人缺乏大局观，往往会因团队成员做错一点小事而大发脾气。选择一个宽容的合作伙伴，会让合作变得更和谐。

宽容大度的合作伙伴能够按照公平分工的协议，坚决执行工作，不会斤斤计较。有时搭档病了或者有急事抽不开身，也愿意为搭档多分担，自己多做一些工作。宽容大度者的社会关系好，即便多接了工作，他也不会因为搭档接的工作少而觉得不公。宽容大度者会把荣誉归于群体，自己受

到表扬，会说成这是共同努力的成果，如有物质奖赏，也会让大家分享。宽容大度者没有私心，总是把合作所得利益放在首要位置，不会私下独吞工作成果，将所有利益归己。

最后，合作伙伴要具备意志力强，勇往直前的特征

找一个意志力强的人合作创业，创业者不仅会轻松很多，创业道路也会变得更加顺畅。即使在创业过程中遇到困难，只要合作伙伴与创业者齐心协力，便能共渡难关。反之，如果找一个意志力薄弱，遇到困难就想打退堂鼓，总是让人泄气的人合作创业，那创业肯定不会成功。总之，只有具有"不抛弃、不放弃"精神的人才可能成为一个伟大的合作伙伴。

6.2.4 目的：合作伙伴参与项目的目的

在进行合作创业前，创业者一定要与合作伙伴形成思想上的统一。除了人品与能力，创业者还要重点关注合作伙伴的创业动机。

一般来说，由于创业动机不同，创业者可以分为以下三种：主动式创业、被动式创业、空想式创业。

主动式创业者有着强大的创业激情。他们清楚地知道自己的目标和方向，也知道自己的能力与长处。他们不畏惧困难和挑战，享受在创业路上披荆斩棘的快感，甚至更在意过程中的收获而不是结果，因此更能从创业中获得经验与反思。

有能力、有目标的主动式创业者是合作伙伴中的理想人选。如果创业者与他们的创业理念和价值观等一致，一定要将他们拉拢到身边。但这样的人毕竟少见，因此，当创业者遇到暂时没有开发出能力或资源不足，但有激情、有勇气、有魄力的主动创业者时也要注意保持联系，他们都是待开发的"宝藏"。

被动式创业者由于外界因素如家庭负担或工作失利，为了谋生迫不得已选择创业。虽然被动式创业者在主观上并不积极，但客观因素逼迫他们必须埋头苦干、背水一战，"杀"出一条血路。因此他们能吃苦、有冲劲儿，对胜利的渴望支撑着他们一直前进。被动式创业者一旦决定成为一个项目的股东，一定会认真负责，努力保障项目的成功。

空想式创业者是指对当前生活不满意，盲目放大创业成功后的利润却忽视背后的凶险，梦想着创业但没有具体的规划，一腔热血只是在想象中翻滚的一类人。现实中这一类创业者占多数，他们大多擅长纸上谈兵，当鼓足勇气迈出创业生涯的第一步后，很快发现现实与想象不符，然后轻易退出。这样的人做合作伙伴是最忌讳的。

创业者在选择股东时一定要深思熟虑，一旦选定，对方就是以后互相扶持的伙伴、并肩作战的战友。创业动机是创业者做事的出发点，决定着创业者以后遇到问题的态度以及解决方式，而合作伙伴的创业动机则是必须查验的重要因素。

6.3　如何说服优质合作伙伴

找到有能力又志同道合的伙伴后，创业者需要展示自己的实力来吸引对方加入公司。在这过程中，创业者可以积极推销自己，向对方展示公司的发展前景，许诺加入公司之后股东能得到的利益等。如果到最后对方还是犹豫不决，创业者不应再勉强。

6.3.1　展示成果，凸显实力

创业者与合作伙伴的选择是双向的。当我们在以自己的标准去审视对方的同时，对方同样在打量我们作为合作伙伴是否合格。想要说服有能力的人合作，创业者要敢于并善于推销自己，用实力赢得机会。

推销并不是一个贬义词。事实上，每个人在日常生活中都在不断地推销自己。创业者向合作方沟通解释问题、在会议中发表言论等行为输出的不只是观点，同时也在展现自己、推销自己。

不论创业者的能力有多强，产品概念有多先进，项目设计有多优秀，如果不能表达出来让对方听到、听懂，那么，创业者所做的努力就没有意义。学会推销自己就是学会搭建沟通的桥梁，创造成功的机会。

创业者的实力是由过去的经历积累沉淀得来的，可以在交涉中让实力为自己"说话"。但是，创业者的能力虽然是客观存在的，却无法在与合作伙伴的短期接触中完全展现。因此，实际上影响合作伙伴评价的是创业者在自我推销中所创造出的形象，展现出的思想、风格与做事态度。

创业者向合作伙伴推销自己的目的是达成彼此思想上的一致，统一对未来项目的规划。因此在推销过程中创业者不能刻意隐瞒公司的弊端，不能肆意夸大案例，这是对合作伙伴的不尊重，而且即使依靠谎言成功招揽到对方，也在未来的合作中埋下了隐患。

因此，在推销自己的过程中创业者要做到以下两点：

（1）态度要真挚，如实表达自己的工作能力、公司的项目前景，不要过分夸张也不要过于谦虚，自我评价要恰如其分、不卑不亢；

（2）全面客观地介绍自己过去的经历与未来的打算，诚恳表明对股东的期望。讲述过去经历时不一定要对失败避重就轻，坦然介绍失败经历以及自己从中获得的经验与蜕变也能让合作伙伴对你有更多了解。

在自我推销过程中，创业者要始终保持积极肯定的态度。如果自己都不能相信自己，也就没有立场去要求合作伙伴信任自己。一个人的潜意识并不会去分辨观念的真假。如果创业者在潜意识中植入自信的观念，并不断进行自我暗示，那么，这种自信的思维方式就会形成本能一样的条件反射。

在自我推销中，创业者要尽量保持积极的情绪，避免消极的情绪。因为情绪会在交谈过程中传递，对方会不自觉地接收你的情绪并在一定程度上影响他的判断。对合作伙伴来说，拥有浑厚的实力、详细的创业经历，又积极乐观的创业者，无疑是一个优先的选择。

6.3.2　编写创业计划书，有理有据

一份优质的商业计划书（Business Plan）是创业者敲开资本大门的重要钥匙，也是能让合作伙伴信服，进而选择合作的开端。

一份标准的商业计划书应该对公司的项目背景到财务预算都有详尽的分析，用真实的数据描绘清晰的项目蓝图；从竞争对手的情况到产品的优劣再到客户的选择趋势一一列举清楚，给合作伙伴展示创业者可靠的能力和对市场的把控。

优秀的商业计划书是招揽人才的强有力工具，失败的商业计划书则是暴露自己实力的拦路虎。因此，创业者需要认识到商业计划书的重要性，用好这把双刃剑。

制作商业计划书的过程是对公司的一次全面体检。创业者首先需要认识到公司的优势是什么，存在的问题是什么。与同行业以及竞争对手进行横向比较时，创业者应站在更宏观的角度去思考公司改进的方向。

对于公司中存在的问题，创业者在制作商业计划书时不应隐瞒，在向合作伙伴展示讲解计划书时也应该坦诚，如此才能收获伙伴的信任。面对有能力的合作伙伴，创业者也可趁机进行请教，引导合作伙伴以局中人身份进行思考、探索公司未来发展的可能性，在交流过程中引起合作伙伴对项目的兴趣，拉近与合作伙伴的距离。

商业计划书中计划是中心，探究计划的可实施性与发展性是贯彻的主题。创业者在对产品不够了解，对市场不清不楚，对公司发展毫无头绪的情况下是写不出计划的。因此，创业者在加强自身能力的基础上才能做好商业计划书，吸引更有能力的人一起合作。

在编写商业计划书的过程中，创业者要注意以下几点：

第一，不要太在意自身的利益。在分配利益版块不要语言暧昧、模糊重点。不论创业者的策划思路或项目多么优秀，都只是一个还未执行的想法。如果创业者想要招揽合作伙伴，需要明确说明项目能为股东带来多少利益。相反，如果创业者在利益相关问题上模糊重点，只会给合作伙伴留下不好的印象，自然也不会有人想要与之合作。

第二，商业计划书不能太空洞。创业者在编写商业计划书时应认真研究数据，保证计划翔实，不然一堆空泛的数据拿出来，只会让合作伙伴觉得受到了糊弄。没有数据和实际计划支撑的商业计划书无法吸引优质的合作伙伴。

第三，商业计划书要求计划详尽，可行性强。对创业者来说，编写完善可行的商业计划书是极强的考验。因此，创业者拿出一份优秀的商业计划书，说明创业者具备较高的商业素养，熟悉主流的商业模式，并能通过分析大量的数据推敲出一定的结果，是当之无愧的商业精英，这正是吸引合作伙伴的重点之一。

6.3.3 给出盈利方案，让他有利可图

面对心仪的合作伙伴，创业者应拿出诚意，而表达诚意最好的方式就是站在对方的立场为对方着想，给予对方自己能力范围内最大的利益。创业者要知道感情并不是合作的基础，利益才是。

合作创业的本质是集结创业者与股东的优势来谋取更大的发展空间。而在创业之初，股东可能看不到实际的利益，只有在利益得到保障的前提下，股东才能全身心地投入工作中。

在向合作伙伴发起合作请求时，创业者应该向对方讲解清楚合作事项，让合作伙伴对自己将要做的事有清楚的了解，这是对合作者最起码的尊重。很多创业者只看到自己想从合作伙伴身上得到的东西，却不在意自己能给予对方什么，不解决合作伙伴的诉求问题，合作自然也无法达成。

很多创业者在谈合作时，单刀直入只讲自己的项目，展望有了股东的

加入，项目会多么如鱼得水，觉得对方应该立刻被打动并主动选择加入。这样的思维逻辑是典型地站在自己的角度、忽略合作方意愿的例子，只会招致对方的抵触。

创业者能够在一定程度上保障合作伙伴的权益，聚焦互惠互利的双赢策略，才能让合作伙伴无后顾之忧，愿意加入公司。合作伙伴想要历练与成长，创业者就重点讲述合作中能经历的磨炼与机遇；合作伙伴想要利益保障，创业者就列举条理清晰、公平公正的利益分配制度。当合作伙伴感受到创业者的热情、决心与周到，感受到自己的利益被保护，并且在项目企划中看到可发展的前景时，还有什么理由不加入呢？

6.3.4　平等合作，不勉强对方

创业者想要寻觅一个各方面都契合的合作伙伴是很难的。所以，很多创业者一旦遇到合适的合作伙伴便会用尽一切办法争取过来，更多创业者则是就近在亲朋好友中选择了合作伙伴。不论合作伙伴是来自哪里，创业者都需要注意，如果再三争取后，对方仍对合作创业的请求犹豫不决，那就不要勉强。

合作伙伴的自身素质与对项目的态度很大程度上决定着创业能否成功。一个优秀的合作伙伴需要与公司有一致的目标，做事时有担当、能扛事、敢拼搏，对内能带动员工的工作热情。这些素质在一个犹豫不决的合作伙伴身上无法体现。

创业者与合作伙伴在日常事务的处理上可以有不同的看法，但对公司的终极目标应该保持绝对的一致。而一个犹豫不决的合作伙伴本身对项目目标具有不信任感，这样的心态无法支撑合作伙伴全心全意地朝着目标努力。

合作创业需要的是大家一起努力拼搏。如果合作伙伴一开始就犹豫不决，心中放不下对未来的担忧，即使最终参与进来，也只会束手束脚、遇事举棋不定。如果公司能够获得良好的发展，或许能暂时稳固合作伙伴的心；一旦公司发展出现问题，合作伙伴就会想到自己当初的犹豫，思考退路，这样的心态十分不利于公司发展。

创业者与勉强加入的合作伙伴很难建立真正的伙伴关系。由于合作伙伴对项目不够认可，心中有强烈的不确定性，所以会时刻处于一种游离的旁观者视角，无法全身心投入工作中。这样不仅自身效率很低，也会降低员工工作的信心。

创业者与作为合作伙伴的股东都对员工有着重要的引导作用。对于员工来说，创业者与股东都是公司的领头人，一旦股东不能付出百分之百的努力去拼搏，员工就更没有发奋的理由了。如果遇到问题时合作伙伴第一时间想撤退，这样没有担当的行为也会引发员工的恐慌。如果股东都无法信任自己的公司，员工又如何去相信公司的未来呢？

好的合作应该是创业者与股东齐心协力，在彼此的帮助下挣脱自身的束缚，一起发挥更大的能量，共同打造出优秀的公司。如果合作伙伴在参加时就犹豫不决，那么，不仅是该合作伙伴自身，所有人的努力都会大打折扣。因此，创业者在寻找合作伙伴时一定要慎重，遇到犹豫不决的合作伙伴不要勉强。

中篇

员工激励

一个完整的股权激励方案应包含多个方面，找全并定准这些要素，是公司构建股权激励制度的关键。为了确保股权激励呈现好的效果，公司需要有目的、有区别地选择股权激励对象，并对不同对象施以不同的激励方法。

　　创业者在设计股权激励方案时，应该充分考虑公司、员工双方利益的均衡，不能激励过度，也不要激励不足。

7

|第 7 章|

股权激励作用：维持公司的长期战略

公司发展到一定时期，就会出现以员工为对象的股权分配，即股权激励。股权激励的作用是激发公司成员的工作积极性，从而提升公司的整体绩效。股权激励的出现意味着公司组织对人才的依赖性更强了。现代公司更需要的是知识和技术，而不是物质资源和人的体力。

7.1 为什么要进行股权激励

　　股权激励解决了公司业绩不与员工业绩挂钩导致员工动力不足的问题。因为传统工资制下员工收入是固定的，即使有绩效奖励，员工也不能真正与公司共进退。而拿到股权的员工则不同，他们会把工作当成自己的事业，想尽办法提高公司收益。

7.1.1　股权激励的本质

　　从定义上来看，股权激励是公司拿出部分股权来实现激励效果的一种方法。实际上，它还有更深层次的原因，具体可以从以下两个方面进行说明，如图 7-1 所示。

股权激励分的是增量而非存量　　　　　　股权激励建立利益共同体

图 7-1　股权激励的本质

1.股权激励分的是增量而非存量

对于股权激励，不少公司都会走进这样一个误区：股权激励是将管理者的股份分给优秀员工，即分的是"存量"。很多不了解股权激励的管理者也会认为，如果实行了股权激励，自己就会损失很多既得利益。

如，创始人早期掌握着 100% 的股份，获得的盈利都会到自己的口袋里。如果要把股权分给员工，拿到的盈利肯定要比之前少很多。其实，这样的想法失之偏颇。

股权激励分的不是"存量"，而是增量。例如，公司原来可以获得 100万元的盈利，如果员工把盈利增加到 200 万元，那么，拿出 30 万元分给员工又何妨？

股权激励是通过激励员工努力工作，使业绩获得提升后，将盈利增加的一部分拿出来分给员工。

从本质上来讲，股权激励对应公司的成长和发展。只有公司获得了更加丰厚的盈利，员工才会分得股权。

2. 股权激励建立利益共同体

在使用其他方式的激励时，公司未来的利益和发展并不能真正打动员工，因为他们分享的依旧是现有利益。股权激励则将二者的利益真正绑到了一起。

员工获得股权，成为股东之后，公司的发展就与他们有了紧密的联系，而且会在很大程度上决定他们未来的收入。股权激励把员工和管理者变成真正的利益共同体。

对于员工来说，股权是一个纽带，可以将自己与公司的利益紧紧绑在一起，这有利于让员工积极、自觉地为实现公司既定目标而努力工作，使公司充分挖掘出人力资本的潜在价值，从而最大限度地提升监督效率。

7.1.2　工资不够，股权来凑

由于股权激励直接将员工利益和公司利益挂钩，所以员工会自发地努力工作。这一方面提升了公司的业绩，另一方面也降低了管理成本。

以地质行业为例，由于该行业大多数员工都在野外工作，条件十分艰苦，所以公司进行管理时会比较困难。这也使公司出现了员工队伍不稳定的窘境。

随着时代和社会的发展，地质行业员工的经济意识也逐渐增强。传统的管理制度已不再适用，新的管理制度必须"上台"。例如，某地质勘探公司为加强员工管理，引进了股权激励政策，经过一段时间的实践后，员工的离职率变低了，管理成本也降低了许多。

不仅如此，在实行了股权激励5年之后，该地质勘探公司还扩大了规模，并建立起了一支骨干队伍，在团队管理上也有了自己的独特经验，为以后长期稳定健康的发展奠定了基础。

从这个案例可以看出，作为一种激励手段，股权激励直接将公司的前途和员工的利益绑在一起，能够让员工变得更加自觉，从而降低公司的管理成本。

对于中小公司来说，因为资金尤其是现金流非常有限，难以开出较高的薪酬，所以员工的流失率通常会比较高。如果使用股权激励，公司不仅不需要以高薪酬作为代价来留住员工，还能够让员工自愿发挥出自己的潜力，作出更大贡献。

7.1.3 股权要突出激励效果

不同层面的员工适用不同的激励模式。基层员工以绩效考核进行激励，中层员工以分红权作为激励，核心人才和高管以股权作为绑定，如图7-2所示。

对于基层员工来说，底薪＋绩效提成的方式可以鼓励员工达到业绩目标，为公司创造价值。

对于中层员工而言，除去基本薪酬外，还可以计算相应利润比例的工资与项目扩展的分红奖励。

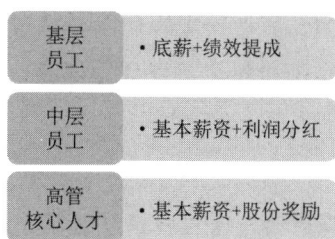

图 7-2　不同层级的员工适用不同的激励模式

对高层管理和核心人才而言，他们参与公司经营，可以获得增值利润部分的分红奖励，还可以通过实现公司盈利目标，获得股份与股权。

公司要针对不同层级人员采用不同的激励模式，以达到激励效果的最大化，将公司上下变成相互依存、目标一致的合作关系才能实现公司利润最大化。

7.2　三种激励股权的区别

创业者在经营不同类型的公司时，要根据实际情况，采取不同的股权分配形式，常见的有干股、实股与虚拟股。那么，公司在不同的发展阶段，应该如何灵活利用它们之间的区别来达到最佳的激励效果呢？

7.2.1　干股、实股与虚拟股的区别

通常来说，股权激励的方式一共有三种，分别是干股、实股、虚拟股。这三种方式都有各自的特点，适合不同类型的公司。

干股并不是法律上的概念，多出现在民营公司当中，是指未出资而获得的股份。持有干股的员工虽然也可以享受相应的分红，但不具有对公司实际控制权。

上海一家公司的管理者为了留住营销总监，许诺了他10%的干股。这样，营销总监没有出一分钱就成为股东，每月可以获得一定金额的分红。但是公司的重大决策，营销总监只能够遵从，不能参与制定。如果后期他离开这家公司，干股也随即消失，也不会再获得任何分红。

与干股不同，实股就是通常意义上的股份，需要经过工商注册、出资才能获得。实股可以进行转让，这个转让过程就是公司获得新股东的过程。公司以实股的方式进行股权激励时，多会将股份按一定折扣卖给员工，或以定向增发的方式授予员工，让员工获利。

虚拟股不需要经过工商注册，拥有虚拟股的员工往往不具备投票权。公司使用虚拟股进行股权激励时，员工可以获得对应的分红与股价升值的收益，但并不具备所有权和表决权。

员工也不可以对虚拟股进行转让和出售。如果员工离开公司，那之前获得的这些虚拟股也会自动失效。

公司在选择股权激励的方式时，必须要以公司的实际情况为前提。如，刚刚成立的公司应该选择实股，以便扩大资金的来源。而稳定成长的公司则适合干股，可以留住更多的人才。

7.2.2 某互联网公司的股权激励方案

随着互联网的不断发展，越来越多的新兴互联网公司在市场中出现。它们因体量小、资金不宽裕等问题喜欢用股权激励的方式留住人才。下面介绍作者团队为一家互联网公司构建的股权激励方案。

一家互联网公司，算上 3 个创始人，一共 12 个人。公司因经营发展的需要，决定进行股权激励。具体方案如下：

（1）为了让控制权掌握在创始团队手中，公司决定采用"干股激励"模式，即利用股权的分红权进行激励。

（2）公司 3 个创始人目前的股权分配比例是 A∶B∶C=80%∶10%∶10%，公司股数为 100 万股，计划拿出 17 万股用于激励。

（3）具体分配方案为：除 3 个创始人外，剩余 9 个人各 1 万股，剩余的 8 万股作为预留股权池，用于激励未来的员工。

（4）公司的分红规则为：每年净利润的 60% 作为发展基金，40% 作为股东分红。

互联网公司与生产型公司不同，互联网公司属于知识密集型，人才个体的重要程度高于生产型公司。所以，这样的公司一般会让员工持股。在互联网公司，大量员工持股甚至全员持股都是比较常见的，尤其是创业型公司，资金压力比较大，很难给出高的薪资待遇，为了留住人才，股权激励就是非常有效的工具。

在上述案例中，这家互联网公司只有 12 个人，规模不大，应该只有核心部门，没有人力资源部、行政部等职能部门。如果是这样，从公司发展的角度来看，全员持股没有问题。但如果公司还有非关键岗位，如文员等，则没有必要全员持股。

为了掌握住公司的控制权，很多公司创始人采取干股激励的方式。上述案例中的公司创始人也实行了干股激励。那么，干股激励有什么优势呢？答案如下：

（1）只有分红权，没有其他权利；

（2）不用变更公司章程；

（3）员工离职自动失效；

（4）每年分红，具有优秀的激励效果。

但是，干股激励也有一些不足之处：

（1）每年分红，公司现金流压力较大；

（2）激励时效短，员工可能在分红后集中离职；

（3）员工与公司只能共享利益，无法共担责任；

（4）若无其他设计，员工很难有股东的感觉，无法调动员工的自主性。

在上述案例中，公司采用了股数（发行股票的数量）的概念，比用百分比表示更容易操作。如果公司仅用干股激励，不会涉及每股价值的问题。但创始人要注意，如果公司选择其他股权激励模式，因涉及增值权的问题，还要明确公布公司股价的相关制度。

案例中的公司还设计了预留股权池。股权池作为股权架构设计的一部分，提前预留是很有必要的。这是为了避免未来增加股东后再修改股权架构的麻烦。但创始人要注意，这个预留股权池是用来激励未来的优秀员工的，不是留给投资人的。因为投资人进入一般会选择增资扩股模式，而不是原股东转让股权。

在上述案例中，除了 3 个创始人，9 个员工每人 1 万股，这样看似公平合理。但公司经营讲究的不仅是公平，更是产生更大的利润。所以，创始人在给予员工股权激励时，要视员工的职级、个人能力等情况而定，务必让贡献多者回报大。

在分红时，公司一般会提取相关基金，如，公司发展基金，员工保障基金等。在上述案例中，公司每年净利润的 60% 被提取出来用作公司的发展基金，剩下 40% 用于分红。这一分配方式是否合理，还要看公司未来的发展是否需要大量资金以及每个员工能拿到多少分红，是否存在激励过度或激励不足。

对此，创始人可以将年终分红与年终的考评相结合。如，年终考评 90 分以上者，可享受个人股数 100% 的分红；年终考评 80 ～ 90 分者，可享受个人股数 70% 的分红；年终考评 70 ～ 80 分者，可享受个人股数 50% 的分红；年终考评 70 分以下者，不享受分红。

股权激励对于一家公司而言异常关键，创始团队要谨慎操作。大的股权激励框架模式虽然好制定，但其内在的细节非常多，需要创始人系统学习了解。另外，股权激励的背后还需要有合理的股权设计以及规范的管理。在实行股权激励后，创始人更要重视股东会的规则，这样才能让公司上下一心同体、遵守规则。

7.3　如何用股权留住人才

现在的公司大多是轻资产公司，没有很多厂房和土地。公司最有价值的就是创造性的成果，而创造性的成果需要人投入巨大精力来实现。为了留住人才，创业者需要利用好股权激励策略，用股权留住人才。

7.3.1　用股权激励留人的三原则

尽管股权激励的完善发生在国外，但其雏形在古代中国商人中就已经有所体现，最典型的代表是产生于 19 世纪 20 年代初山西票号的身股制度。当时，这一票号有"海内最富"之称。

山西票号的身股制度是股权激励的前身。山西票号的身股制度能够为经理在一个账期（一般为 3 ～ 5 年）中获得不少于八千两白银的收入，有些甚至可以获得 3 万到 4 万两白银。

身股制度背后巨大的物质刺激带来了极大的激励，使得山西票号避免了人才流失的困境。由此可见，股权在保留人才方面的应用在中国是有先例可循的。

股权激励发展到今天，已经成为现代化公司进行人才激励的关键。那么，我们设计一套科学系统的人才股权激励有哪些原则需要遵守呢？

1. 系统原则

无论公司使用什么样的激励手段，都应匹配公司的整体战略和其他激励制度，形成一个完整的管理系统。

一方面，由于股权激励与公司的治理结构和资本运作有巨大的关系，而不仅仅只是一种激励手段，所以系统原则的遵守会显得非常重要。

另一方面，股权激励本身也是一个独立、完整的结构，考虑其内部的系统性也是系统原则的体现。

2. 平衡原则

平衡原则是指在应用股权激励时要把握好尺度，平衡好各方面的关系，如，长期和短期的影响、竞争对手与合作同盟、新老员工等之间的关系。

3. 组合原则

股权激励实际上是一个统称，包含了多种激励工具。这些激励工具可以根据实际情况灵活组合。不同的激励工具有着不同的应用特点和风险收益，只有组合起来才能达到最好的效果。

随着人力资本渐渐成为现代公司的最大资本，使用合适的激励手段来保留人才也就成了重中之重。在具体操作时，公司创始人只有掌握上面的三个原则，才能将保留人才的作用发挥到最大。

7.3.2 公司不同阶段如何选择股权激励方式

创始人在选取股权激励方式时，有很多因素要考虑。例如，激励对象的数量、公司现有的财务状况、公司所处的阶段等。这些因素中，以公司所处的发展阶段最为关键。一般来说，公司所处的阶段有以下四个，如图7-3所示。

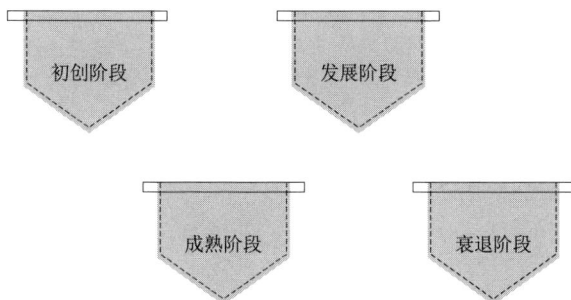

图 7-3　公司所处的四个阶段

上述四个阶段对应着不同的特点和战略计划，股权激励方式的使用也会有很大不同。具体如下：

1. 初创阶段

公司处于初创阶段时，往往会存在资金少、人才少的问题，再加上管理体制不够规范和完整，所以过于复杂的股权激励方式并不适用。

为了起到保留骨干人才的作用，初创公司可以采用一些不需要激励对象出资，但确实有一定吸引力的股权激励方式，例如，技术入股等。

2. 发展阶段

处于发展阶段的公司具有销售额增长迅速的特点，为了维持这种特点，必须要逐步建立起完善的管理制度。另外，在发展阶段，股权激励的实行往往会获得绝大多数员工的支持和认可。所以，公司应加大力度，采取认股权、虚拟股权等方式进行股权激励。

3. 成熟阶段

公司进入成熟阶段后，客户群体和盈利基本趋于稳定，同时市场的增长也变得缓慢，竞争日趋激烈。此时，公司的工作重点变为降低成本，所以股权激励不能给公司带来太大的成本负担，比较适合认股权、延期支付等方式。

4. 衰退阶段

处于衰退阶段的公司面临着利润明显下滑的困境，人才流失的问题将会非常严重。为了留下关键人才，处于衰退阶段的公司可以选择岗位分红权的股权激励方式。

8

股权激励设计：股权给谁？怎么给？给多少？

当合作伙伴共同创业时，他们不仅要处理彼此之间的股权分配问题，还要处理日常合作、情感和团队激励等问题。如果一个创业团队能够设立有效的员工激励机制，就可以让员工努力工作，自发进取。如果所有员工的工资都是固定的，而不以他们的表现为参考发放工资，很容易让员工变得松懈，失去主动性。

8.1 股权激励基础问题

公司如果为员工制定了科学的股份激励制度，员工往往会为了某项激励奖励而开始努力工作，员工的积极性就能够得到提高。股权激励在制定过程中需要考虑哪些因素呢？在本节将为大家介绍。

8.1.1 股权激励的四个重点

公司在实施股权激励的过程中，为了充分保证其系统性和有效性，必须重点关注以下四个方面，如图 8-1 所示。

约束机制　　税务问题　　优先认购权　　业绩情况

图 8-1　股权激励过程中的四个方面

1. 约束机制

因为员工不一定在公司永久工作，直接将股权授予员工对公司来说存在一定的风险。要想避免这样的风险，公司就必须设定一定的条件，形成完善的约束机制。

常见的约束机制是：公司在进行股权激励时，与员工在协议中规定一个期限。如果员工在规定期限内与公司终止劳动关系，就必须将已经获得的股权按照股权激励协议中约定的回购价格转让给公司。

2. 税务问题

税务是股权激励中的一大重点，在股权行权或股权转让时员工需要承担税费。公司在与员工沟通股权激励方案时最好涵盖员工的税务成本介绍，防止员工的心理预期和实际承担的成本出现显著差异，使股权激励的效果大打折扣。下面针对两种公司类型我们分别说明税务问题。

（1）非上市公司

财政部、国家税务总局《关于完善股权激励和技术入股有关所得税政策的通知》（财税〔2016〕101号）中规定，非上市公司授予本公司员工的股票期权、股权期权、限制性股票和股权奖励，符合规定条件的，经向主管税务机关备案，可实行递延纳税政策。即员工在取得股权激励时可暂不纳税，递延至转让该股权时纳税；股权转让时，按照股权转让收入减除股权取得成本以及合理税费后的差额，适用"财产转让所得"项目，按照20%的税率计算缴纳个人所得税。

如果不符合递延纳税条件，员工应在股票期权行权时、限制性股票解禁时或者获得股权奖励时先按"工资薪金所得"缴税。

计算公式：应纳税额＝股权激励收入 × 适用税率－速算扣除数。

转让股权时再按"财产转让所得"缴税。

（2）上市公司

根据相关规定，上市公司（含境内、外上市公司）实施限制性股票、股票期权、股票增值权和股权奖励的，员工应按照综合所得税率表计算"工资、薪金所得"项目，并按照《财政部 国家税务总局关于个人所得税法修改后有关优惠政策衔接问题的通知》（财税〔2018〕164号）第二条规定扣缴其个人所得税。

3. 优先认购权

公司激励对象符合股权激励协议约定的条件时，有权按照事先约定的价格和份额，优先于第三方取得公司股份。

4. 业绩情况

股权激励可以与业绩情况相结合，如果业绩不达标，未能成就股权激励协议约定的条件，员工就不能获得股权。对激励对象而言，业绩达标能取得公司股权，激励效果明显；对公司而言，通过制定严格的业绩考核目标，既完成了股权激励的目的，又控制了风险。

8.1.2　股权激励模型架构设计

股权激励的模型主要有三种，分别是员工直接持股型、有限公司持股型、有限合伙公司持股型。

1. 员工直接持股型

公司把员工直接登记为股东就是员工直接持股型。这种模型直接将股权放在了员工手中，对员工来说利益最大，但对公司来说则有不好控制的缺点。

一旦员工离职，这部分股权的处理将具有非常大的不可控性，对公司团队的稳定性可能有较大的负面影响。因此，越来越多的公司不再使用员工直接持股的股权激励。

2. 有限公司持股型

这里所说的有限公司是指被激励员工共同出资组成的公司。该公司作为持股平台持有母公司的股权，从而使被激励员工间接持有母公司的股权。

在《中华人民共和国公司法》修订后，公司的注册资本没有最低要求，所以成立这种有限公司的成本很低，员工出资很少。

3. 有限合伙企业持股型

有限合伙企业持股型也是股权激励模式的一种，在这种股权激励模式中，合伙人分为普通合伙人和有限合伙人。

普通合伙人是母公司的创始人或其指定人员，他们具有管理职能，对母公司具有控制权。有限合伙人是公司的激励对象，不参与公司的管理，只享有股权的经济收益。

除了员工直接持股型以外，其他两种模型都是以持股平台为持股者的间接持股。这样的做法有两个核心优点：

首先，持股平台的股权激励有利于公司以后的发展。如果使用员工直接持股，公司在进行大规模股权激励（比如对100个员工同时进行股权激励）时，就会增加大量的股东，这样会导致公司在以后进行决策时效率降低，也会让投资人不愿意投资。

其次，公司的直接持股人数量有限制。《中华人民共和国公司法》第二十四条规定："有限责任公司由五十个以下股东出资设立。"所以，公司为了避免限制，可以以持股平台的方式授予员工股权，对员工进行激励。

8.1.3　股权激励模型中的三大陷阱

很多人都认为，只要模型选对了，股权激励就一定会起到作用。这个想法看似正确，实际上却模糊了最重要的问题：什么才是"对"？其实，更精准的表述应该是："有效果的股权激励模型一定是对的。"

那什么样的股权激励模型是有效果的呢？不同的公司这个问题有不同的答案，但也有一定的相似之处，那就是都避开了以下"三大坑"。

1. 把股权激励误认为纯粹的福利计划

现在人们谈到股权激励，人多与上市、融资等词联系在一起。这些词都是从公司收益的角度出发的，并不意味着股权激励一定会为公司带来这些收益。

如果把股权激励误认为纯粹的福利计划就是最常见的"坑"之一。正如有人所说："股权激励都是骗人的，公司破产了股权一分不值。"这句话并不是在说股权激励毫无用处，而是在说公司尤其是初创公司的"股权"并不等同于财富。

综合初创公司和较成熟公司来看，股权激励应分为"历史贡献"与"岗位价值"两个部分。前者是对员工已经作出贡献的奖励，后者是对员工未来对公司贡献的激励。

股权激励的重点应在于岗位价值的部分，占比通常不低于70%，所以，它绝不是单纯的福利计划。

2. 激励对象感受不到参与感

一些公司尤其是初创公司在进行股权激励时，只进行了简单的分摊，并未将公司未来的前景向员工说清楚。这就导致员工无法认可创业者的创业梦想，没有参与感和激情。

股权激励应该是双向选择，除了要帮助创始人选出具有共同事业梦想的员工并肩合作以外，也要让员工得到更多回报，工作起来更有干劲儿，从而获得一种归属感。

3. 股权激励方案不公平

一千个读者的心中就会有一千个哈姆莱特，在评估公司价值上也是如此。不同的员工对公司的价值评估不同，为公司作出的贡献也不相同，这就导致了股权激励只能是相对公平。

久而久之，难免会有部分员工认为股权激励不公平，自己受了委屈。为了避免这种情况发生，公司首先要保证程序公平，避免因人为原因造成不公平；其次要向员工阐明股权激励是一个长期的、轮动的机制，只要对公司产生了价值的岗位，就会获得相应的股权。

总体来说，股权激励落实不到位大多是因为员工和公司的认知出现了偏差，而要想解决这一问题，双方必须充分沟通，共同完成对未来发展的设想和探讨。

8.2 股权激励工具

创业者在设计股权激励机制时，可以借助工具来达到更好的效果。本节向创业者介绍了八种常见的股权激励工具，以及在面对不同的激励对象时创业者应如何根据情况选择合适的工具。

8.2.1 股权激励常用工具

无论做什么事情，借力打力都是一个非常有效的策略，股权激励当然也不例外。在进行股权激励时，创始人掌握以下八个常用工具可以达到事半功倍的效果。

1.分红型虚拟股权

这一工具是指通过虚拟记账的方式授予员工一定数量的虚拟股份，员工获得虚拟股份之后，可以按照数量享有相对应的税后利润分配权，但不享有表决权等其他股东权利。

2.延期支付

这个工具的核心是推迟支付员工综合薪酬中的一部分现金，而将其转化为股权。在满足规定期限之后，员工可以在市场上出售这一部分股权换成现金。

3. 业绩股票

这个工具有点类似于"绩效考核＋对赌协议"，只不过程度没有那么深。业绩股票比较适用于房地产公司。例如，公司在楼盘建设初期确定一个相对合理的业绩目标，如果员工在规定时间内完成了这个业绩目标，那就可以获得一定数量的股票。

4. 业绩单位

业绩单位模式与业绩股票模式类似，只是价值支付方式不同。员工达成业绩目标后得到的是现金，而不是股票。

5. 限制性股权

这一工具是指公司事先授予员工一定数量的股权，但同时对股权的来源、转让、出售等方面进行一定的限制。例如，完成公司规定的任务之后，员工才可以出售股权并从中获益。

6. 员工持股计划

对于那些表现优秀的员工，公司可以让他们出资认购部分股权，享受公司发展带来的红利。员工持股计划的展现形式非常多样，例如，直接持股、委托某股东代持股、加入持股平台等。

7. 实股期权

大部分情况下，实股期权是公司在上市前对一些元老级员工进行奖励时会使用的工具。这些员工可以在规定期限内以事先确定的内部价格购买一定数量的公司流通股票，公司上市后若股票大涨，员工就相当于获得了一笔丰厚的奖励资金。

8. 储蓄—股票参与计划

储蓄—股票参与计划是指公司允许员工预先将一定比例的薪酬存入专门的储蓄账户，并将其折算成相应数量的股票，然后再计算此部分股票的价值。公司将补贴购买价和市场价之间的差额。

8.2.2　如何选择合适的股权激励工具

创始人在选择股权激励工具时，要以激励对象为基础。

如果激励对象是管理者，那激励工具就应该偏向于分红型虚拟股权和限制性股权。这样可以达到正面激励和反面约束的双重效果。

如果激励对象是普通员工，那就适合选择员工持股计划。这样的话，员工拿到的股权不会太多，公司整体的经营情况与他们的收入情况有关系但影响不大，从而增强稳定性和凝聚力。

不同的激励工具有不同的适用对象和使用环境，创始人在选择时一定要注意实际情况。另外，股权激励工具也不应该一成不变，而是要在实践中不断调整和创新。

8.3　股权激励方案设计步骤

创业者在设计股权激励方案时，应遵循八个步骤，按部就班地完善每个细节。本节详细介绍股权激励方案设计过程中每个步骤的内容、面向的对象及其在机制中的作用。

8.3.1　定对象：明确激励范围

员工是被激励的对象，对象不同，激励的方式就不同。所以，如果公司无法确定要激励的员工，股权激励就没有实际意义。

《上市公司股权激励管理办法》第八条第一款规定："激励对象可以包括上市公司的董事、高级管理人员、核心技术人员或者核心业务人员，以及公司认为应当激励的、对公司经营业绩和未来发展有直接影响的其他员工，但不应当包括独立董事和监事。外籍员工任职上市公司董事、高级管理人员、核心技术人员或者核心业务人员的，可以成为激励对象。"

由此来看，董事长、管理者、核心员工，以及对公司发展有直接影响的其他员工，都可以成为被激励的对象，但是独立董事、监事就不适合实施股权激励。

在确定了激励对象后，股权激励方案才会有针对性，才能够顺利进行下一步的操作。

8.3.2 定模式：选择合适的激励模式

股权激励计划相当于"骨架"，与效果的达成和公司的发展有密切关系，所以必须得到重视。华为的股权激励始于 1990 年，最初是为了通过内部集资来解决资金困难问题。

在第一阶段（1990—1996 年），华为参照《深圳市国有公司内部员工持股试点暂行规定》，将当时记录在册的 2 432 名员工的股权全部转到公司工会的名下。随后，华为的盈利渐渐变好，资金困难问题也得到解决。

在第二阶段（1997—2001 年），华为的发展变得更加稳定、迅速。这主要是因为，股权激励帮助华为形成了强大的人才磁场，吸引了众多非常优秀的员工。

在第三阶段（2001 年至今），华为拥有了规范化、系统化的股权激励方案，而且已经从之前的普惠激励转向了重点激励。例如，股权向核心员工倾斜、新增股权配发速度减缓等。

通过华为这一案例我们不难看出，股权激励计划的制定与公司当前的发展和战略有关。因此，对于各大公司来说，要想选择一条适合自己的道路，要结合自身实际情况。

8.3.3 定来源：确定股票、资金来源

在设计股权激励方案时，公司必须要确定股权和资金的来源，以防止出现财务上的漏洞。一般情况下，股权和资金的来源主要有以下三种，如

图 8-2 所示。

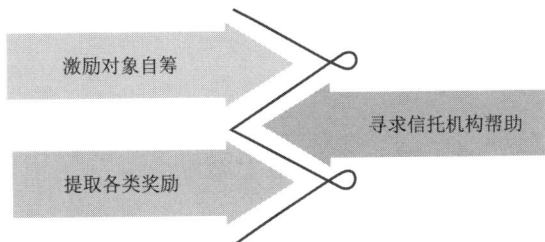

图 8-2　股权和资金的来源

1. 激励对象自筹

激励对象自筹是多数公司会使用的方法。一般来说，激励对象只需要自筹部分资金，公司会在当期的超额净利润中提取其余的资金，但股权的提供则需要以公司为主力。

2. 提取各类奖励

在股东会或股东大会同意的情况下，公司可以从净利润中提取一部分奖励作为资金和股权的来源。

3. 寻求信托机构的帮助

股权和资金还可以通过信托机构来解决，主要方式有以下两种：

（1）公司把部分资金委托给信托机构，成为信托机构的委托人及受益人。信托机构再将这部分资金贷给激励对象，激励对象可用这部分资金购买公司股票；

（2）公司将资金委托给信托机构，并设定公司与激励对象为共同受益人。信托机构在公司的指定下将资金专门用于购买股权，使激励对象成为名义上的股东。

在扣除约定好的相关费用和报酬后，信托机构将股东收益按比例分别支付给公司和激励对象。

很多时候,如果股权和资金的压力不能妥善解决,股权激励就难以实施。在确定股权和资金的来源时，创始人要充分考察公司的现金流和员工的收入情况。

8.3.4　定份额：拿出多少股权用于激励

《上市公司股权激励管理办法》第十四条第二款规定："上市公司全部在有效期内的股权激励计划所涉及的标的股票总数累计不得超过公司股本总额的 10%。非经股东大会特别决议批准，任何一名激励对象通过全部在有效期内的股权激励计划获授的本公司股票，累计不得超过公司股本总额的 1%。"

除此以外，在确定股权份额时，公司的规模和盈利能力也是重要的考虑因素。如果公司规模较大或是盈利较多，那就可以适当提高股权份额，保证员工获得足够的回报，从而达到激励的效果。

8.3.5　定价格：确定每股价格

上市公司的股票行权价格在《上市公司股权激励管理办法》第二十九条中有明确规定：上市公司在授予激励对象股票期权时，应当确定行权价格或者行权价格的确定方法。行权价格不得低于股票票面金额，且原则上不得低于下列价格较高者：

（一）股权激励计划草案公布前 1 个交易日的公司股票交易均价；

（二）股权激励计划草案公布前 20 个交易日、60 个交易日或者 120 个交易日的公司股票交易均价之一。

上市公司采用其他方法确定行权价格的，应当在股权激励计划中对定价依据及定价方式作出说明。

而对于非上市公司来说，因为缺少相应的股票交易价格进行参考，所以确定行权价格的难度相对大一些。一般来说，在设计股权激励方案时，行权价格的确定一共有四种方法：

第一，以公司注册资本金为标准，这种方法比较适用于注册资本与净资产相差不大的公司；

第二，以公司净资产的价格为标准，即对每股净资产进行评估，以评估的最终结果作为行权价格；

第三，以公司注册资本金或者净资产为基础进行一定的折扣，因为这种方法的力度比较大，所以需要公司在考虑实际经营情况的基础上，选择适当的折扣来确定行权价格；

第四，以上市公司为参考，这种方法对高科技行业的非上市公司尤其有效。

8.3.6　定周期：设定激励考察周期

《上市公司股权激励管理办法》第十三条规定："股权激励计划的有效期从首次授予权益日起不得超过 10 年。"在此规定下，公司在制定激励计划的实施周期时，可从以下三个方面进行综合考虑，如图 8-3 所示。

图 8-3　如何制定激励计划的实施周期

1. 公司的战略规划

股权激励是支持公司实现战略计划的手段。因此，股权激励计划的实施周期一定要与公司的战略规划相匹配。举例来说，公司的战略计划以 5

年为一个阶段，那么，股权激励计划的周期就应在 5 年以上，以保证所有股东的贡献都能得到充分体现。

2. 员工的心理预期

如果周期过长，激励效果就会被弱化，容易导致员工的不满；如果周期过短，又可能会导致员工的短视行为，为公司带来不利影响。因此，在确定周期时，创始人一定要把握好员工的心理预期，确保股权激励计划能够达到激励员工长期为公司工作的目的。

3. 工作性质

公司为了获得长期的发展，一定要重视对未来发展有益处的工作岗位。这些岗位的工作成果往往在短期内无法得到呈现，所以实施激励计划的周期要相对长一些。

另外，公司最好设立循环机制，以便在对员工实施激励计划的同时附加一定的约束。例如，员工如果在周期中途想要离开公司，会因为不能得到收益而觉得遗憾，于是可能打消离开的念头。

只有分阶段进行，股权激励才能够产生长期的效果。所以，确定好周期是一件非常重要的事情。

8.3.7 定条件：为行使股权设计限制条件

行权条件是指员工在行权时需要达到的条件，其主要体现在员工的业绩上，即只有达到了一定的业绩，员工才可以行权。在确定行权条件时，大多数公司会以历史水平为基准。

8.3.8 定退出：约定退出机制

为了保证公司和其他员工的利益，公司将可能离开的员工调整到股权激励之外十分必要。因此，在股权激励当中，必须要有退出机制，即退出方式和股权回收办法。

员工的退出方式通常有两种，一种是过错性退出，另一种是非过错性退出，详细介绍参照表8-1。

表 8-1　过错性退出VS非过错性退出

退出方式	过错性退出	非过错性退出
详细介绍	1.员工严重违反公司制度，对公司造成严重损害 2.员工在规定的股权激励期限内离职 3.员工擅自处理已经获得的股权或期权	1.员工的业绩不能达到预期目标 2.员工未在行权期限内行权 3.员工在规定的股权激励期限之后离职 4.员工达到法定退休年龄、死亡或失踪

此外，股权回收办法也是退出机制的一部分。通常来说，股权回收办法一共有三种：直接退出、股权回购和员工转让。其中，股权回购最为常用，即公司支付一定的金额，向员工购买已经获得的所有股权。

因为实际情况具有复杂性和多变性，所以公司在设计股权激励方案时必须考虑很多个方面，还要基本符合员工的预期。基于此，股权激励方案就不能完全复制其他公司的成功经验，而是要结合自身的特点，适当地进行借鉴，做出适合自己公司的方案。

9

股权激励落地：重视激励效果，
鼓励全员参与

对创业者来说，完成股权激励方案只是打好了基础，将方案成功落实
到公司内部，并使其发挥出应有的作用才是任务中最核心也最关键的部分。

9.1 推行股权激励的潜在问题

任何制度在落实时都会遇到一定的阻力，股权激励机制也不例外。虽然股权激励本质是双赢的机制，但如果负责人决心不坚定、激励的设置有问题或无法平衡新老人才的利益，都会引发公司的不安定。

9.1.1 负责人不重视

中小型公司在实施股权激励时的最大问题就是负责人决心不坚定，最终导致失败。

广东一家互联网公司的负责人张某，在接触了股权激励之后就对此很感兴趣。但是三年过去了，他一直没有着手实施，主要原因有以下三个：

第一，实施股权激励意味着公司的利润要公开给各个股东，张某担心有些股东会将公司的隐私透露给客户，造成客户"杀价"；

第二，张某担心实施股权激励后，有股东躺在既有的股份中不作为，造成公司损失；

第三，张某之外的其他两名仅投资不参与管理的股东，都表示不愿意让出股份做股权激励，而张某也不愿意一人承担股权激励的全部份额。

在这三个因素的影响下，张某一直没能够下定决心实施股权激励。久而久之，公司的利润虽然一直在增加，但增加的幅度越来越小。张某十分担忧公司的未来发展。

眼看着对手公司在实施了股权激励后业绩上涨迅速，张某终于按捺不住了，于是在咨询了相关的管理人员后，设计出了一套适合自家公司的股权激励方案。

尽管在过程中遇到了一些小的挫折，但张某下定了决心要将股权激励做到位。员工们在体会到了他的诚意后，对工作产生了热情，也对公司的未来有了信心。

终于，到年底业绩总结时，张某惊喜地发现，公司的业绩与上一年相比增长了10%，创造了公司步入稳定期后的新高。

在看到股权激励的效果后，另外两名股东也决定拿出一部分股权参与股权激励。如此一来，这家公司的股权激励终于在张某的努力下得到了贯彻和执行。

从上述案例可以看出，只要负责人下定决心实施股权激励，不再犹豫，就能够得到好的结果。因为负责人肩负着整个公司的发展，一举一动都十分关键。

总而言之，负责人一旦下定决心实施股权激励，就应像张某那样坚持到底。股权激励是一个长期的计划和手段，如果负责人在实施过程中因为一些小的挫折就放弃，不仅起不到作用反而会让公司元气大伤。

9.1.2　未形成有效激励

作为一种激励员工的手段，股权激励有自身最合适的度。如果实施过程中股权激励的度没有把握好，出现过度或者不足的情况，就会导致失败，或者效果弱化。

深圳有一家家居建材公司，为了扩大市场份额，激发销售人员的积极性和热情，针对销售部门实施了股权激励。在股权激励下，销售人员为了获取更多的股权份额，选择了积极应对的方式，非常努力地向客户推销产品。

公司在前两年业绩增长迅速，但两年后，销售部门的后劲儿明显不足。销售人员因为股权份额减少而产生抱怨，让公司的发展一度陷入困境。

在这个案例中，公司选择了以业绩作为股权份额分配的唯一标准，导致销售人员为了获得更多的回报，只能拼命地挖掘市场。因为一旦没有了客户，公司就会无情地降低股权份额。这不仅会造成销售人员的不满，也极大地打击了他们的工作热情。

实际上，股权激励的分配不应只依据单一的业绩。这很容易造成激励不当，具体有两种表现：激励过度和激励不足。

在上述案例中，前期销售人员拼命挖掘客户就是激励过度造成的，这也直接导致了公司后期业绩跟不上的困境。到了后期，销售人员业绩跟不上，股权份额迅速降低，出现了激励不足的现象。

那么，公司如何才能避免激励不当现象的出现呢？

最重要的一点就是把股权激励转为激励"奋斗型员工"。对于奋斗型员工来说，个人的成长和公司的成长是一致的，他们不追求眼前的短期利益，不损害公司的未来发展。

为了保证股权激励能够激发员工向"奋斗型员工"学习和转变，公司需要构建一个长期的利益体，让员工的个人成长与公司的发展共同实现。

9.1.3　激化老员工与新人才的矛盾

公司为了扩展市场，获得更好发展，必然会引进新的人才，所以在实施股权激励的过程中，平衡创业元老和新晋人才之间的关系也就成为一个难点。

公司对创业元老进行股权激励，能够表明公司对已经作出贡献的员工的认可和感情，避免老员工对公司产生不信任感；对引进人才进行股权激励，能够快速安抚人心，让这些人才对公司产生安全感。

公司为了引进人才，往往会对他们许以极好的待遇，而这份待遇可能是创业元老所不曾享有的，这就可能会让创业元老产生"新人是来抢饭碗"的想法，最终发展成公司内斗。

那么，公司在实施股权激励时应该如何平衡二者的关系呢？首先我们来看一个案例。

上海有一家高科技公司，为了提高公司的技术水平，决定引进一名海归博士王某。在对王某进行测试的过程中，总经理范某发现他不仅具有很好的知识基础，也具有一定的团队经验，完全可以胜任技术部门经理一职。

而技术部门经理刘某是范某的大学同学，两人一起创业。如果为了新来的王某而将刘其降职，显然会伤害刘某的感情，也会对其他员工产生不好的影响。

但公司如果不给新来的王某一定的职位，就没有达到引进人才的目的，也可能让王某觉得没有受到重视而不愿意入职。所以，范某在布局新的股权激励方案时陷入了矛盾。

后来，范某首先向公司的创业元老表明了公司要引进人才的要求，获得了元老的一致同意，然后又要求各个元老让出自己手中的一小部分股权，以此作为预留人才的股权激励来源。

作为表率，范某自己先拿出 5% 的股权，元老也纷纷效仿。接着，范某又向王某表明公司的诚意，承诺只要他做出一定的业绩，就会给予他相应的回报。但在此之前，王某只能先任职技术部门的副经理。对于这一安排，王某欣然应允。

刘某在与王某的合作过程中，渐渐发现自己的知识确实有不足之处，跟不上时代。而王某为了向公司展现出自己的价值，一直努力工作，有不懂的地方就虚心请教刘某。

在双方有意识的磨合中，技术部门的成绩终于翻了一番。王某如愿获得了一部分股权，刘某也因为王某的加入获得了更多的股权分红，于是欣然让位，专心管理公司的事务。

通过这个案例可以看出，在实施股权激励时，平衡好创业元老和新进人才之间的关系十分重要。而公司的负责人在这之中起到的作用非常关键。正是范某向双方都表明了诚意，才让公司的股权激励得到了好的结果和效果。

任何一家公司，无论做出过多么优秀的业绩，都需要不断引进新人才来维持前进的脚步。正是这些新人才的引进，给公司带来了新的技术理念、新的管理方式，甚至新的文化，但同时也带来了新旧理念之间的矛盾。

新人才意味着公司未来的希望，元老们代表着公司过去的辉煌，两方是不同的利益团体，保证其平衡是公司在实施股权激励时必须面对的问题。

9.2　如何推动股权激励落地

股权激励的方法多种多样，创业者应根据具体情况有针对性地使用。本节介绍了五种股权激励落地的方法，可以解决创业者实施股权激励时面对的大部分问题。如创业者在面对创业元老级员工、管理层员工及普通员工时，应如何采取不同的激励策略。创业者应如何利用股权激励达到对管理层降级补偿，对员工在职束缚的效果等。

9.2.1　在职分红激励法

在职分红激励法是公司对在职员工进行股权激励的一种方法。通常来说，这里的在职员工主要是指公司内部的核心管理人才、技术骨干等。这种方法只适用于处在原工作岗位的员工，一旦他们升职（或降职、离职），奖励也会相应地增加（或减少、取消）。

公司对员工使用在职分红激励法时，员工往往只享有分红权，而不享有投票权，对股份不享有继承权和所有权，所以也就没有相应的管理权和控制权。这也就意味着，在职分红本质上是一种虚拟股权。

2019 年，广州一家注册资金为 50 万元的公司获得了 200 万元盈利。

假设该公司的原始股权是 100 万股，这 100 万股全部属于注册股东。

如果公司决定用 20 万股做在职分红，那么，总的股权就变成 100 万 + 20 万 =120 万股，原始股东所占的比例也变成 83.3%，在职股东所占的股权比例就是 16.7%。

公司 200 万元盈利需要按照这样的比例进行分配，即原始股东获得 166.6 万元，在职股东获得 33.4 万元。如果公司需要预留 60 万元的发展基金，那就在 200 万元里扣除 60 万元之后，再按照两方的比例进行盈利分配。

9.2.2　超额利润激励法

超额盈利激励法是为员工设定相应的业绩目标，如果他们超额完成，则对超额部分按照一定的比例进行奖励。因为这种方法的激励力度比较大，所以员工的热情会更高，也会想方设法地帮助公司节省成本、提高效率、增加盈利。

例如，公司的目标利润是 1 000 万元。这 1 000 万元是一个保底目标，当获得的利润超过 1 000 万元时，多出的部分就是超额利润。公司从超额利润中拿出一部分分享给员工，可以起到非常好的激励作用。

由此，我们可以看出，超额盈利激励法的重点有两个，分别是设定盈利目标、明确分配额度。

1. 设定盈利目标

目标利润 =（目标销售额 – 盈亏临界点销售额）–（目标销量 – 盈亏临界点销售量）× 单位变动成本

根据该公式，在设定盈利目标时，创业者应先根据公司以往的销售额、销量确定盈亏临界点的销售额和销量，再结合公司增长率（公司的发展速度，是现期收益与上期收益之比）确定一个合适的目标销售额和销量，最后结合单位变动成本（单位商品的变动成本的平均分摊额，即总变动成本与销量之比）计算出目标利润。

2. 明确分配额度

分配额度是指用于分配的超额利润的比例。对此，创业者可以采用阶梯分配制，即超额利润越多，分配越多。比如，当达成目标利润的 100%及以下，不分红；当达成目标利润的 100%~120%，拿出超额利润的 30%分红；当达成目标利润的 120%~150%，拿出超额利润的 50% 分红；当达成目标利润的 150%~180%，拿出超额利润的 70% 分红。

另外，要强调的是，盈利目标的设定应该具有稳定性。如果随意变动会严重伤害员工的积极性，也会损害公司在员工心目中的形象，不利于公司的长久发展。

9.2.3　延迟式激励法

延迟式激励法是指公司将员工的部分奖励，按照当时的股票价格折算成相应数量的股票，然后将该部分奖励放入公司专门设立的延迟支付账户当中，等到锁定期满或者员工退休之后，再将这部分奖励折算成现金，返还给员工。

很显然，如果员工未来努力工作，取得了更好的业绩，那么他就能够获得比之前更加丰厚的奖励。通俗来讲，就是先让员工吃一口他本应该获得的蛋糕，如果他以后的业绩更好，就会奖励他比原先剩下的那部分更大的蛋糕。

深圳一家公司为销售总监王某选择了延迟式激励法。2019 年，王某获得了 20 万股的股票，价格是 5 元／股，一共价值 100 万元。公司与王某约定延期 5 年支付，所以等到 2024 年，王某除了可以获得这 100 万元以外，还可以获得股票增值后的部分。

如果该公司的股票在 2024 年变成了 10 元／股，那么王某一共可以获得 100+（10–5）×20=200 万元。如果王某愿意在 5 年后再获得奖励，则这个奖励就会翻倍。

如果王某在锁定期内要退出，那他就只能获得原本的 100 万元，不能享有股票增值的部分。这在一定程度上约束了他的短期行为，帮助公司限制有能力、有价值的员工离职。公司也不会因为人才流失而遭受不必要的损失。

在实际的操作中，延期支付的奖励不是一次性给到位，而是会使用"532原则"。例如，王某获得的奖励，公司完全可以采用 3 年支付的方式，也就是，在王某完成相应的业绩指标后，公司每年分别支付奖励中的 50%、30%、20% 给他。

由于延迟式激励法延迟员工获得应当得到的奖励，所以公司在采用延迟式激励法时一定要保证诚信，不要失去了员工的信任。毕竟，这种方法的重点不在于"延迟"，而在于"激励"。只有公司如期发放了奖励。员工才能认真、踏实地工作。

9.2.4　金色降落伞激励法

很多公司都会面临这样一个阶段：管理者渐渐跟不上公司的发展步伐，甚至对公司的进步产生阻碍。如果公司直接解聘他们，不仅从情理上过不去，也会让其他员工心寒。金色降落伞激励法恰好能够解决这一难题。

金色降落伞激励法是指公司一旦因为组织形式或其他变动需要解雇董事、监事等高级管理人员，将向前述高级管理人员提供丰厚的补偿（解职费、股票、额外津贴等）的方法。

广州有一家服装生产公司，在周某和李某共同奋斗 8 年之后，终于迎来了上市的希望。但在上市前，周某发现了李某能力不足的地方。

一方面，李某不是科班出身的金融人才，在公司的金融管理方面稍显稚嫩。尽管他一直在学习金融管理知识，但还是跟不上公司发展的速度。如果公司上市后依旧让李某担任要职，势必会给公司带来不可挽回的损失。

另一方面，李某不善言辞，公司上市就意味着要跟各种媒体打交道，让李某与媒体交流，他的性格会给公司的形象带来一定影响。

综合各方面的原因，周某决定在公司上市之前更换李某的职位，而如何把这一决定传达给李某成为周某的烦恼。

二人一路互相扶持走到了今天。李某对公司的贡献不容忽视，而且他并未犯下错误，直接解聘必定会伤害他的自尊。李某的能力又确实阻碍了公司的发展，他的职位必须发生变动。

于是，经过设计，周某通过权力和利益置换的方式收回控制权，像降落伞一样使公司决定性变动得到缓冲。具体方案为，周某为李某设置了一部分限制性股权。李某将获得公司5%的股权，限定条件是他必须等到公司上市2年后才能获得这部分股权的分红，同时他需要放弃原来的职位。

李某放弃职位之后，被安排到董事会专职做董事，依旧协助周某解决公司的发展问题。如此一来，他既没有完全失去对公司的管理权，又获得了额外的股权，依旧能够享受公司发展带来的红利。

通过上述案例可以知道，金色降落伞激励法能够促使管理者接受发生在自己身上的变动，减少其与公司之间的矛盾。同时，该方法可以让管理者安然放下手中的权力，而且这个过程还是像使用了降落伞那样有缓冲且安全。

9.2.5　135渐进式激励法

"135渐进式激励法"是一种针对核心管理者的股权激励方法。其中，"1"是指1年的在职分红；"3"是为期3年的滚动考核；"5"是指5年的锁定期。

这种方法的好处是能有效避免公司在还不了解管理者时就给予其股权的情况出现。一般情况下，我们不建议为只在公司工作了1年的管理者分配股权。正确的做法是：在3年的滚动考核过程中，公司按照岗位价值评估的结果设定一个额度，在分析管理者业绩表现后，综合额度和业绩表现确定其最终能否获得股权。

在5年的锁定期内，公司很可能会出现已经全款购买公司股票的员工因某些原因需要中途退出的情况。这种情况公司该怎么处理呢？具体方法见表9-1。

表 9-1 如何处理中途退出的情况

情况分类	具体方法
员工在锁定期内未满3年时退出	1.员工离开的时候，如果公司处于盈利状态，那就可以原价回购其股份，并退还本金 2.员工离开的时候，如果公司处于亏损状态，员工应该按照股权比例弥补亏损后方能离开，弥补上限为出资金额 3.如果公司在员工退出前已经准备上市，那为了加快上市的步伐，公司应提前解锁员工的股权并加快注册股份
员工在锁定期内超过3年但少于5年时退出	1.如果风投已进入，公司一般能够以溢价的方式回购员工的股份 2.如果无风投进入，按照员工在锁定期内未满3年时退出的方案执行 3.如果公司不足5年就上市，那就应该提前解锁员工的股权并加快注册股份
激励对象在5年期满后离开	1.直接注销股份，即回收特定的股票并将其销毁 2.公司可以用净资产每股收益价回购，或者双方协商一个合理的价格由公司回购

"135渐进式激励法"面向的是管理者，因为管理者的地位非常特殊，所以公司要熟练正确掌握此方法，以防止因出现突发问题而对其他员工造成不良影响。

下篇

融资全案

公司想要不断发展壮大，需要持续获得资金支持。这种资金支持可以是公司经营所得，也可以是公司融资所得。在多数情况下，融资是公司获得资金的主要方法。而在众多融资中，股权融资是最主要的，也是最常用的一种方式。

　　从寻找投资人，到签署协议，再到最终完成交割，公司需要经历多个流程的"考验"，才能获得投资人的资金。

10

|第 10 章|

融资计划：好的开始是成功的一半

　　融资入门其实并不难，简单来说，公司制定融资计划要明确资金需求并确定融资轮次和频率。创始人只有提前制定了融资计划，才能稳步获得融资，规避一些不必要的风险。

10.1 明确资金需求

融资不应是漫无目的的行为，融资金额也不应是随口说出的数据。创业者应在认真了解公司的发展状况、分析公司的现金流等数据，对公司内部有一个清晰的认知后，根据对公司未来发展的规划来确定需要融资的金额。

10.1.1 公司处于哪一发展阶段

在制作融资计划之前，创始人首先要做的就是判断公司的发展阶段。任何一家公司都将经历以下四个发展阶段，如图 10-1 所示。

图 10-1 创业公司的发展阶段

1. 种子期

如果项目还只是一个创意，产品也仍在发明过程中或者处于实验室初级阶段，那么这家公司正经历种子期。在种子期，创业者必须投入资金，以进行下一步的研发，并通过合理的生产方案形成产业化生产，从而验证其创意的可行性和发展前景。

种子期的公司所需要的风险投资被称为"种子资金"。此时的投资规模比较小，但是风险最高。种子资金的来源主要有两个：一个是天使投资，一个是创投基金。种子资金一般在 10 万元到 100 万元之间，当然，也有一些优质项目可以拿到上千万元资金。

2. 创业期

如果产品已经研发完毕而且进入试销阶段，那么，公司就进入了创业期。在创业期，公司需要大量的资金，用以购买生产设备、后续研发以及宣传推广。

创业期融资的目的是确定产品在市场的可行性并构建营销网络。在这个发展阶段的公司通常没有业绩，很难获得商业信贷，只能通过风险投资获得所需资金。

创业期的风险投资一般称为"创业资金"。创业资金的主要来源是风险投资机构以及风险投资人。

投资人所承担的风险因创业阶段期限的长短不同而有所不同。创业阶段的主要风险包括技术风险、市场风险和管理风险。

很多公司很难踏出从种子期到创业期的这一步，因为这一步考验的是公司的产品、商业模式、盈利模式和创业团队等各个方面，任何一个方面出现问题，项目就很可能宣告失败。

3. 成长期

成长期是指产品经过市场验证后，进入扩大生产、开拓市场的发展阶段。一般来说，公司的规模会在成长期快速增长，市场占有率也会不断提升。

成长期是引入风险投资的主要发展阶段，此时公司的资金需求量非常大，市场风险和管理风险也有所增大。所以，资金主要分为运营资金和扩张资金，通过原投资人增资和新投资人进入获得。

4. 成熟期

公司进入大工业生产后意味着成熟期到来。成熟期是公司上市前的最后一个发展阶段，也是风险投资的退出阶段和私募基金的进入阶段。在成熟期，公司的现金流达到一定规模，技术成熟、市场稳定，融资能力非常强。

判断公司的发展阶段，有利于创业者客观看待公司的融资能力，然后结合其他因素综合判断融资金额，为融资计划的形成奠定良好、坚实的基础。

10.1.2 公司现金流状况如何

公司发展阶段决定了所需资金的多少，而现金流的大小则直接决定了公司是否需要通过外部力量（融资）为自己创造资金。所以，在进行融资之前，创业者要分析公司的现金流是否充足。

一个健康的公司应该保证资金进来得多，出去得少。当然，公司在还没有收入之前，必须准备充裕的资金来养活团队，一直维持到产生收入、拥有现金流为止。

如果自备的资金维持不到那一天，那么创业者就必须有能力预知，公司的现金流会在什么时候中断，然后在那一天来临前找到投资人，让投资人的资金进入公司，从而保证公司的正常运营。

无论何时，创业者都要确保公司的账上有不低于 6 个月的现金流储备。这么做有两个原因：一是公司只要保证账上还有钱，有资金可以用，项目就可以正常运转；二是完成一轮融资，一般需要 6 个月的时间。

现金流是公司的血脉，掌控着公司的生死大权。一个创业者无论有多好的创意，有多么优秀的团队，只要现金流中断，就会有失败的危险。

通常情况下，最优质的现金流应当是保持流动性与收益性之间的平衡。这就要求创业者在分析现金流时，需要关注以下四个要素，如图 10-2 所示。

图 10-2 投资人关注的现金流要素

现金流流入表现了公司的盈利、预期收益能力；现金流流出表现了公司各项开支的方向与金额；现金流维持时间决定了创业者的公司是不是可以顺利活下来；历史现金来源可以预测公司的持续融资能力是否足够强大。

通过现金流分析，创业者可以大概确定公司融资额度的范围，具体来说，公司的财务状况越好，现金净流量越多，所需融资额度也越少；公司的财务状况越差，现金净流量越少，所需融资额度也越多。

10.1.3 融资金额大于实际需求

刘某是一家公司的创始人。他在首次尝试融资时，很快就完成了目标，获得了预期的融资金额，就在他打算宣布融资结束时，更多的投资人表示出了投资兴趣。在这种情况下，刘某的融资顾问建议他继续融资，最终，他的融资金额达到了目标的 1.5 倍。刘某进行第二次融资时，融资金额更是达到了目标的 2 倍。

第一次融资的时候，融资顾问花了很长的时间说服刘某接受更多的资金。因为刘某非常担心股份被摊薄，并且认为融资金额满足当前发展业务的需求就够了，不需要更多。除此之外，刘某更希望回归正常工作，而不是在融资上花费太多时间。

刘某最终没有为自己的决定后悔，甚至因为拿到更多融资而感到庆幸，毕竟充足的资金给他的项目带来了正向的现金流，使得他不需要在项目发展的转折点寻找第二轮融资。

大多数创业者都不会像刘某那样在完成预定的目标后继续筹集更多的资金，他们往往会在投资人仍有投资兴趣的时候停止融资。当然，我们所说的筹集更多的资金不是指上千万美元的差别，而是几百万美元的差别。

相对来说，较多的资金有助于创业者试错，即便发生金融危机，也能扩大公司规模。融资金额应当大于实际需求的三个原因，如图 10-3 所示。

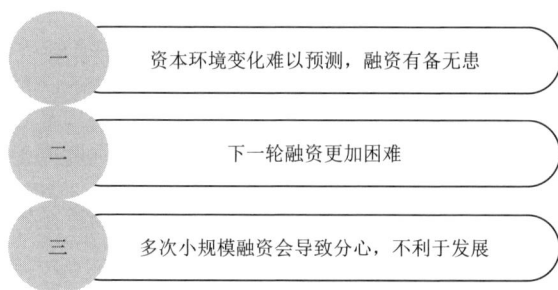

图 10-3 融资金额应当大于实际需求的三个原因

1. 资本环境变化难以预测，融资有备无患

2008 年，发生了全球性的金融危机，融资几乎枯竭，对有巨大资金需求的公司来说，这一时期的情况非常糟糕。当时，出现了许多信誉良好的投资人反悔而拒绝投资的案例。

尽管金融危机持续的时间不长，但融资能力强和融资能力弱的公司还是有非常大的差别。如果公司提前拿到了足够多的资金，应对金融危机会变得简单很多；如果公司没有提前拿到足够多的资金，又无力融资，渡过金融危机的可能性就很小。

2. 下一轮融资更加困难

创业者应当明确一点，每当你试图融资的时候，情况会比上一次更加困难。因为公司的估值是不断增长的，而投资人的预期也在不断提升。比如，在天使轮，投资人更看重团队和创业计划，而在之后的 A 轮、B 轮以及 C 轮，投资人的关注点就会变成业绩。

试想一下，取得业绩是不是比提出创业计划更加困难？因此，创业者要是可以拿到更多融资最好不要拒绝，因为你不知道当前的融资是否能够支撑到取得一定业绩之时。

3. 多次小规模融资会导致分心，不利于发展

融资本身就是项目发展之外的一件事情，需要创业者花费很多的时间和精力。如果每几个月就进行一轮融资，那么会在很大程度上消耗创业者的热情和积极性，不利于公司发展。

创业者本应该将更多的时间用于公司运营，确保在下一轮融资之前实现业绩目标。不断的融资可能会导致创业者实现业绩目标的时间延长，甚至无法实现业绩目标。

综上所述，创业者根据公司发展阶段以及现金流大小确定资金需求后，应当确定大于实际需求的融资金额。

10.2　确定融资轮次与频率

很多创业者对融资存在错误认识，认为项目获得的融资越多，证明项目的潜力越大，公司越成功，但事实并非如此。融资的轮次与频率需要根据公司的发展情况决定。如果公司没有处在拓展新市场飞速发展的上升期，高频次的融资对公司发展也不会起到正向作用。

10.2.1 根据产品业务发展明确融资阶段

年仅 21 岁的 Oculus 联合创始人帕尔默·洛基和众多硅谷的财富神话主人公一样，半途退学，在艰苦的环境中创业。接下来，我们以 Oculus 的 VR 项目为例，学习如何通过产品业务和公司发展确定融资阶段。

Oculus 成立之初，帕尔默·洛基一个人负责所有工作，直到另外两个游戏行业内的高管布伦丹·艾里布和迈克·安东诺夫加入。

此后，迈克·安东诺夫担任公司首席软件架构师；布伦丹·艾里布担任公司首席执行官；帕尔默·洛基开始放下公司管理，将全部精力放在 VR 项目上。

帕尔默·洛基在 Kickstarter 众筹平台上发布 VR 项目，该项目的核心是一款专门用来玩 VR 游戏的外设。Oculus 彻底改变了玩家对游戏的认识。经过 1 个月的融资后，Oculus 获得了 9 522 名用户的支持，拿到 243 万美元的资金。Oculus 的预定融资目标是 25 万美元，最后筹得的资金超出近 10 倍。

此轮融资相当于 Oculus 的天使轮融资。这时，Oculus 具有如下两个特征：第一，产品有了初步形态，已经可以拿给投资人看；第二，有了初步的商业模式，是否可行有待验证。

随后，Oculus 又获得 A 轮融资 1 600 万美元，投资人包括美国经纬和星火资本等。此时的 Oculus 满足以下特征：产品有了成熟模样，已经正常运作一段时间并有完整详细的商业及盈利模式，在行业内拥有一定地位和口碑。

在 A 轮融资的助力下，Oculus 成功推出首批 VR 产品——VR 头盔。其价格为：限量版每个 275 美元，普通版每个 300 美元。该 VR 头盔在 E3 大展上获得了"年度最佳游戏硬件"的提名。

与此同时，Oculus 与多家公司展开合作，共同研究支持 VR 头盔的游戏或演示版游戏，以及 SDK 开发包。无论是从 SDK 开发包的稳定性，还是从游戏的上手易用性看，Oculus 在软硬件上都交出了高于公众预期的成绩单。

在 B 轮融资，Oculus 获得了高达 7 500 万美元的资金，领投方为 A16Z。此轮融资之后，A16Z 的创始人迈克·安德森加入了 Oculus 的董事会。

此时，Oculus 的特征为：A 轮融资获得的资金使公司获得了一定的发展，开始盈利。商业模式没有任何问题，可能需要推出新业务、拓展新领域。

B 轮融资之后，Facebook 以 20 亿美元的交易额收购 Oculus，包括 4 亿美元现金以及 2 310 万股 Facebook 股票。按照 Facebook 股票当时的平均收盘价 69.35 美元计算，这些股票价值 16 亿美元。Facebook 和 Oculus 都表示，此次收购不会影响 Oculus 原来的发展计划，唯一不同的是，Oculus 获得了更多的资金支持。

Oculus 被高价收购意味着 VR 项目是成功的。还有一些公司的最终目标是上市，这些公司，还会继续融资，包括 C 轮、D 轮以及 E 轮等后续轮次融资。

这些公司有比较成熟的商业模式，离上市不远，而且已经有较高的盈利，还需要通过融资拓展新业务，补全商业闭环。一般来说，处于这些发展阶段的公司已经有上市计划或者准备了。

10.2.2　融资频率越快越好吗

很多互联网项目都是依靠融资获得快速发展的，包括种子轮融资、天使轮融资、A 轮融资、B 轮融资、C 轮融资……不过，公司要想获得快速发展，就必须高频率融资吗？并非如此。融资应当根据公司的成长和发展需求进行，而不是单纯追求频率。

事实上，一年时间完成三轮融资的公司不只是一家，比如，饿了么、美柚、纷享销客等。这些公司融资频率之所以高，是因为他们打开了一个新市场，成长和发展速度比较快。

下面我们以 TO B 领域的纷享销客为例，看他们是如何一年内拿到三轮融资的。纷享销客的融资历程见表 10-1。

表 10-1　纷享销客的融资历程

轮次	融资金额	投资者
A轮融资	300万美元	IDG资本
B轮融资	1 000万美元	北极光创投领投，IDG资本、华软创投和博雅资本跟投
C轮融资	5 000万美元	DCM领投，IDG资本、北极光创投跟投
D轮融资	1亿美元	联合投资者IDG资本、北极光创投、DCM
E轮融资	未透露具体融资额	中信息产业基金领投，高瓴资本、IDG资本、北极光创投、DCM创投跟投

相关资料显示，纷享销客的 B、C、D 三轮融资是在一年时间内完成的，成为 TO B 领域第一家一年内完成三轮融资的公司。

纷享销客的创始人兼 CEO 罗旭表示："融资并不是一个公司的发展目的，融资也不代表着成功，但是，融资是走向成功最好的方式，是实现创业梦想的手段。投资者选择的理想公司是有发展、有规划的。所以，创业者在决定创业或者找投资者融资时，最关键的是要看准未来的趋势，并且为你认准的目标竭尽全力。"

在以罗旭为首的创始人团队的带领下，纷享销客正式创立，并迅速拿到了天使轮投资。当时的大环境是国内对 TO B 相关业务认识不足，公司之间的沟通还停留在 IM 和传统 PC 版 OA（自动化办公）软件的阶段。而国外市场 Yammer（一个公司社会化网络服务平台）已经做得非常火爆。

当时，微博在中国也发展成为一种潮流，智能手机日渐普及。因此，罗旭认为公司移动办公和沟通是未来的大趋势，并下定决心在 TO B 领域专心发展。

有了好的方向和产品概念，还需要快速行动。于是，罗旭及其团队开始研发产品并制定市场导入计划。纷享销客正式上线以后，罗旭开始寻求 A 轮融资。

纷享销客是最早一批入局 TO B 领域的公司，与当时大热的 TO C 领域相比，TO B 完全是另一种场面，反差极大。因此，大多数投资者都不看好纷享销客。有一个投资者甚至当面对罗旭说产品不行，坚持不了多久。

即使如此，罗旭依然没有放弃寻找投资者。在多次被拒绝之后，他找到了 IDG 资本。早在美国公司级应用兴起的时候，IDG 资本就已经在中国成立了创新小组，开始布局 TO B 领域的投资计划。一致观点成就了纷享销客和 IDG 资本的默契合作。就这样，纷享销客拿到了 300 万美元的 A 轮融资。

志同道合的投资者总是可以陪创业者走得更远。如今，纷享销客已经完成了 E 轮融资，而 IDG 资本除了是 A 轮融资的领投外，也是随后几轮融资的跟投主力。

纷享销客最初的着眼点是协同办公，名称为"纷享平台"，对标产品是 yammer。没过多久，这种模式便出现了问题。国内的中小公司基本上处于生存与发展的初级阶段，协作效率提升可有可无，而加强销售管理和客户管理，增强销售能力才是刚需。

因此，当发现国内市场更适合做"销售云"而不是"协同云"的时候，纷享销客便开始进行战略的调整。此次调整得到了 IDG 资本的支持。随后，"纷享平台"正式更名为"纷享销客"，产品定位为移动销售管理 SaaS（软件即服务）。

纷享销客刚刚转型的时候，还没有 CRM 模块。这不利于规模的扩大和用户的转化，于是，研发团队立即着手做 CRM。与此同时，纷享销客开始进行 B 轮融资。不过因为产品不完善，再加上运营数据不乐观使得很多投资者怀疑罗旭是不是真能做好销售管理。

5 个月过去了，罗旭依然没有找到有意向的投资者。这时，纷享销客的资金链告急，团队遇到了前所未有的压力和困难。过了一段时间，事情发生转变，SaaS 市场开始火爆起来，而且研发团队做出了第一版 CRM。纷享销客的发展决心和未来规划也得到了肯定，最终收获了北极光领投的千万美元 B 轮融资。

在一系列调整和融资的支持下，纷享销客的市场慢慢打开，精准定位了用户需求点，CCTV、汽车之家、新浪乐居、京东方等众多知名公司都成为忠实用户。

但接下来，纷享销客遇到了发展中的第二个转折点，即选择线上模式还是线下模式。线上模式的好处是轻量级、市场大、人力成本少，而线下模式被公认为是落后、繁重、高成本的。

但是罗旭认为："销售管理软件的使用，在中国市场的成熟度尚浅，我们需要做的不仅是让用户知道我们，更多的是要帮助用户更好的使用我们的产品。如果把这个过程比作长跑的话，那最后最关键的一米，就是服务。用户只有拥有了服务，才会深入使用产品，获取价值。"

在罗旭的坚持下，纷享销客最终选择了线下为主线上为辅的模式。同时，纷享销客提出"五星级服务"，致力于为用户提供完善的服务和指导，最终帮助用户实现销售业绩的突飞猛进。

纷享销客大力拓展市场，并实现了全国 24 小时电话回访服务，72 小时服务人员到达，构建了完善的服务体系。由于市场反应非常快，纷享销客在同行业中迅速发展，在一年内实现了 10 倍速跨越式进步，一举成为行业中的领跑公司。

罗旭认为，A 轮融资看的是创业者的见识；B 轮融资看的是产品的发展力；C 轮融资得靠市场说话，让用户点赞。纷享销客在 SaaS 市场的表现得到了众多投资者的认可，很轻松就获得 DCM 领投的 5 000 万美元 C 轮融资。

随着互联网的不断深化发展，SaaS 市场也迎来了爆发性发展。纷享销客作为销售垂直领域发展最快、体量最大的公司，开始打造集成平台。此时，纷享销客的数据说明了市场的巨大潜力，国内中小公司对于 SaaS 需求的强劲。

在 C 轮融资期间，纷享销客的营业收入持续保持每三个月翻一倍，一年内销售收入增长近 12 倍。活跃用户累计付费转换率为 47.7%，续费率为 75.2%，首次付费后增购终端的公司数量占比 22.3%，75% 以上的公司选择续费使用。

纷享销客的突出表现使其顺利获得了亚洲对冲基金领投，DCM、IDG 资本和北极光创投跟投的 1 亿美元 D 轮融资。拿到 D 轮融资后，纷享销客在分众楼宇、网易、腾讯新闻客户端等媒体投入近 1 亿元的广告，推动了市场影响力进一步提升。

在这种情况下，纷享销客继续进行 E 轮融资，领投方为中信产业基金、高瓴资本、DCM、北极光及 IDG 资本均参与跟投。随后，纷享销客宣布将进行全新战略升级，定位由之前的移动销售管理工具升级为一站式移动办公平台。名称也由原先的"纷享销客"更名为"纷享逍客"。

在变幻莫测的市场里，融资仅仅是起点，而不是目的。纷享销客在几轮融资的支持下一步步实现构想，充分印证了罗旭最初对于 TO B 市场和公司移动办公趋势的看法。正如罗旭所说的："融资不是目的，而是能够帮助你走向成功，最重要的是你的选择和坚持。"

然而，一年内完成三轮融资对于大多数公司来说是非常困难的，只有像纷享销客一样极少数的优秀公司可以实现。一般情况下，公司会顺应自身发展，根据发展需求来确定融资阶段。

如果创业者仅仅有一个创意或者项目，还没有成立公司或者公司刚刚成立不久，那融资就是种子轮或者天使轮。当今的互联网巨头很多都是依靠天使轮的支持才发展壮大起来的，比如，谷歌、苹果、Facebook、百度、阿里巴巴和腾讯。

按照互联网公司的发展速度，天使轮融资之后的一两年，产品就走向成熟,也有了一定用户基础,此时就可以进行 A 轮融资。拿到 A 轮融资之后，如果用户继续增长，业务发展态势良好，再过半年或者一年之后就进入了 B 轮融资，紧接着是 C 轮、D 轮……

总之，融资是有一定规律的，不能太急躁，一切以产品业务发展和公司发展为主。

11

撰写商业计划书：如何写出一份
完美的商业计划书

　　商业计划书是公司为了达到招商融资的目的，在有关资料的基础上编写的，向投资人展示公司目前状况和发展潜力的书面材料。商业计划书一般是以书面的形式，详细介绍公司各方面的情况，目的是向投资人反映公司的投资价值，以吸引更多的投资。准备商业计划书是申请融资的一个重要环节，因此，商业计划书应该具备内容详尽、实事求是、通俗易懂等特点。

11.1　公司基本信息

在商业计划书初始部分，创业者需要介绍公司的基本情况，让投资人对公司有一个大致的了解，形成一个基本印象。

11.1.1　公司简介

公司基本简介作为商业计划书的第一部分，首先要介绍的就是名称及所在地点。这与自我介绍是一样的，第一次见面的人肯定想知道对方叫什么名字，来自哪里。

公司基本简介可以参照表 11-1 进行撰写。

表 11-1　公司基本简介

基本信息	具体内容
公司名称	
公司注册地	
注册资本	
公司类型	
公司成立时间	
法定代表人	
主营产品或服务	
主营行业	

基本信息	具体内容
经营模式	
联系人	
固定电话	
移动电话	

需要注意的是，我们在商业计划书中介绍公司类型时，除了让投资人知道公司是有限责任公司、股份有限公司，还是合伙公司、个人独资公司外，还需要说明中资和外资的比例。另外，公司成立以来主营产品或服务、经营模式等基本情形的变动也需要做出说明。

11.1.2 主要业务

很多创始人将自己融资失败归咎于资本寒冬的到来，事实并非如此。资本市场的钱并没有少，只不过投资人在挑选项目时要求更加严苛了。在这种情况下，优秀的项目和创始人无所畏惧，但更多的创始人将在洗牌中被无情淘汰。

1. 说清产品定位和痛点

那么，如何介绍你的项目，从而吸引投资人呢？说清楚你的产品定位和痛点非常关键。

业内曾流传着一个陈述产品定位的说法："产品的存在针对×××人群+描述潜在用户人群+产品属于×××类别+核心卖点+与竞争对手产品的主要区别"。这个框架可以为大部分产品业务做出清晰的定位。

产品名字、品牌信息以及产品特征都源于产品定位，所以投资人非常看重这部分内容。好的产品定位可以帮助创始人吸引投资人的眼球。市场营销专家阿里尔·杰克森认为："如果在商业计划书里对产品定位陈述精准，对方将对你公司的一切有一个很清晰的印象。"

下面是描述产品定位的三个步骤。

第一步：先看目标市场

目标市场就是对市场进行细分后选择出的市场，也就是明白产品是给谁用的。这是陈述产品定位的第一步。

第二步：找出用户痛点

产品所满足的用户需求就是用户痛点。简单地说，痛点就是用户在日常的生活中遭遇的麻烦、纠结和抱怨。如果不能将问题解决，他们就会陷入一种负面情绪中，产生痛苦。因此，用户需要一种解决方案化解自己的痛点，使自己的生活状态恢复正常。产品就是因为化解了用户痛点才具有价值。描述产品所解决的用户痛点是陈述产品定位的第二步。

第三步：分析差异化价值点

差异化价值点就是将目标市场需求、产品以及竞争对手产品定位综合考量，提炼出产品独特的价值点。分析产品的差异化价值点实际上是在考虑产品的特性，以及如何与其他营销属性结合的问题。乔布斯当时就是因为考虑到了戴尔、康柏等办公电脑公司的竞争因素，为了差异化定位才改变苹果电脑的产品定位的。

产品定位与四种因素有关：产品、公司、用户和竞争者，即产品的特性、公司的资源、用户的需求与偏好、竞争对手的市场位置。创始人需要将这四种因素结合在一起考虑，然后准确描述出自己的产品或业务。

2. 证明只有自己能做好

介绍完产品方面的信息，接下来，创始人还要向投资人证明为什么这个产品只有自己可以做好。

首先，介绍创业团队的优势

在创始人方面，名校、名企以及知名项目的经历会给创始人贴上一个优秀的标签。即使没有标签也不要紧，创始人可以具体展示自己在相关行业的经验及成就。在团队成员部分，也要体现专人专用的思维。

一个合理的创业团队职能布局应当有绝对领导者、天才技术人员、行业资深人士、销售人才、理财专家五种人。人际关系资源也是团队的优势。比如团队吸引了巨头的关注，与巨头建立了合作关系等。

其次，介绍项目所在行业情况

对投资人来说，项目所在市场的前景好不好很大程度上影响了投资人的投资决定。原因很简单，市场在未来 5 年到 10 年内的变化是好是坏基本上可以预测，在这一基础上，只要选择靠谱的创业团队，然后投入资金就很大程度上能保证股权升值。

什么样的行业情况容易受到投资人关注呢？市场空间足够大，可以容纳百亿级别的上市公司。要想知道市场空间大小，创始人就必须分析当前市场已有上市公司的情况。创始人的经验如果足够丰富，就应当知道最好的创业机会源自与上市公司形成业务服务互补或是目标客户群体的差异化。

天奇阿米巴基金投资内容创业服务平台——新榜时，其创始人严天亦是这样说的："越来越多的创业公司选择在微信、微博和其他第三方平台上发展，而不是马上就开始自己发布一个 App。这种模式下必然需要一个中立权威的数据平台，新榜横跨多平台的数据统计分析恰恰是一个非常好的选择。另一方面，建立在先发优势的基础上，新榜后期有很多衍生服务可能性，这些服务会提供很多宝贵的 Know-How（专有技术）。"

总而言之，团队越是优秀，市场越大，项目就越吸引人。一个明星创业团队加上亿级的需求，就算商业模式还不明确，也是非常吸引投资人的，因为有用户就有转化。

11.1.3　财务状况

在商业计划书里，创始人最好做出至少三年的财务预测。对于创始人来说，年底是非常忙的，因为年底面临着算账这个大难题。对于已经成熟的大公司来说，年终结算是比较简单的。因为大公司已步入正轨，每年的财务状况都不会有太大的变动。对于创业公司来说，算账就相当纠结。

在创业初期，很多创始人都懒得算账。他们借口说："未来根本无法预测，现在再怎么算也不管用，还不如把时间和精力先放在做业务上"。这句话听起来有道理，但实际上是他们心里没有底气。

如果拿不出清晰的财务预测，就像在一个陌生的城市里没有地图一般，你根本不清楚自己所在的位置以及将要走向何方。没有一份像样的财务预测，投资人是不会为项目砸大钱的。换句话说，投资人考验一个创始人的本领大小，归根到底是看他有没有精准判断未来的能力。

那些产品还没上市，尚未有收入的初创公司，可以用以下两种方法进行"财务预测"。

1. 保证现金储备至少用一年半

市场变化非常快，创始人无法保证项目的进展一定能达到预期，更无法保证下一轮融资什么时候会到来，所以，一定要做财务规划。创始人要知道，计划用一年半的钱，很有可能一年多一点就花完了；但如果不计划，有可能半年不到就没有了。

现金流是创业公司的命脉，掌握着创业公司的生死大权。创始人必须清楚自己公司现金流里的每一个数字，而且懂得做财务预测的重要性。你千万别想着等将来公司做大了，再找个CFO（首席财务官）来对付做财务预测。因为一般情况下，忽视财务预测重要性的创业公司也许就活不到那一天。

2. 由目标和管理半径决定花钱节奏

一方面，公司试图达到的目标直接影响着花钱节奏，因为融资的目的就是达到既定的市场份额。完成目标才有利于下一轮顺利融资，所以根据目标确定花钱的节奏是没有问题的。

另一方面，管理半径影响花钱节奏是因为公司要花钱扩张就会增加管理问题。如果管理跟不上，那么，花钱的节奏就要慢一些。

创业公司财务预测的关键，是对公司未来收入做比较现实的假设，按照以上方法做出来的预测，应对投资人绝对不是问题。但是，创始人要注意财务预测首先是用来监督自己的行动的，其次才是给投资人看的。

11.1.4 近期和长期目标

一个有规划的公司才有未来，一个有未来的公司才会获得投资人青睐。创业者应该将近期和长期目标展现在商业计划书中。这不仅直接关系到公司的未来，还与投资人的直接利益挂钩。

在这一部分，创业者要为投资人介绍公司的目标，包括：规模、人员管理、战略等方面，就像下面的例子所做的。

在未来两年的时间内，公司的思路是三步走战略。

第一步：完善公司的各项管理制度。公司准备用一年的时间实现现代化管理，扩招高素质员工，提高公司的技术和设计水平，用最快的速度和最短的时间扩大规模，使公司的整体盈利情况有一个大幅度的提升。加强对高层的监管，制定完善的监督措施，对公司的风险进行规范化的管理，做好相应的规避处理。

第二步：保证公司的长远稳定发展。公司会定期组织员工进行市场调研，时刻关注外部市场的新动向，在科学合理的市场调研结果的基础上，积极拓展新的业务领域。公司还要提高整体的创新能力，为发展新业务提供保障。

第三步：公司实现了第一步和第二步的战略，在各个方面都会有很大的进步，已经具备了较强的经济实力，可以向高科技行业延伸，使公司尽快成为全方位发展的现代化公司。

这一部分内容的最终目的是让投资人看到公司的未来。当然，不同的公司可以根据自身的实际情况选择适合的布局。

11.2 公司团队信息

投资人在看早期项目的时候，创始人及其团队是非常关键的评判标准，因为与项目相比，团队是比较稳定的因素。

11.2.1 创始人团队及分工

团队在很大程度上决定了创业成功的可能性。所以，一支强有力的管理队伍是很容易吸引投资人的。团队成员如果具备扎实的专业技术知识、卓越的管理才能和丰富的工作经验，获得投资人的投资就更容易一些。

在商业计划书中，公司管理团队介绍是重要的组成部分。所以，创始人在撰写商业计划书时，要重点介绍一下公司的整个管理队伍以及相关职责，然后介绍团队中每个管理人员的特殊才能、特点。在此基础上，创始人还要将每个管理者对公司所作的贡献进行细致描述。

除此之外，创始人在介绍公司的公司管理团队时，要重点介绍其中的核心团队，突出表现核心团队成员的从业经历和擅长领域可以吸引投资人的注意力。

除了对核心团队进行描述，商业计划书还需要体现技术、销售、运营等方面的核心骨干成员。突出团队成员的互补性、完整性，会增加公司的融资筹码。

11.2.2 公司组织结构

项目后期的运作过程中,包括目标市场、产品和商业模式都会稍做改变,但团队依然是不变的因素。那么，我们如何表现才能让投资人青睐我们的团队呢？

首先是创始人方面，名校名企以及知名项目的经历会给创始人一个优秀的标签。如果没有好的标签可加，创始人也可以具体说说自己在相关行业的经验及成就，甚至情怀。像乔布斯一样"致力于改变世界""让人生更有价值"，投资人也许会对你刮目相看。

接下来是团队方面，计划书要重点介绍其中的核心成员，将他们的经历和擅长领域表现出来，以此来吸引投资人的注意力。例如，团队中核心成员的特殊才能、特点、人际关系资源要重点介绍。

商业计划书中还需要明确公司的管理目标，标明组织机构图，以便投资人对公司的管理团队有更为清楚的认识。你可以参考以下的组织结构模板图，根据你公司的实际情况完善自己的组织架构图，如图 11-1 所示。

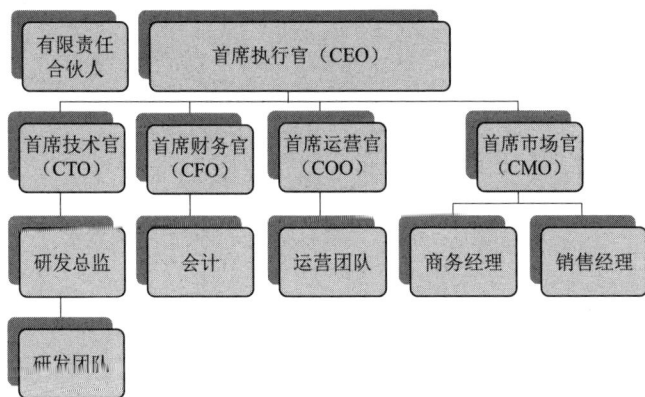

图 11-1 组织结构模板示意图

下面我们摘录一段腾讯的主要管理团队介绍，大家在撰写商业计划书中这一部分时，可以将其作为参考：

马化腾：主要创始人，首席执行官

马化腾，腾讯公司主要创始人之一，董事会主席、执行董事兼首席执行官，全面负责本集团的战略规划、定位和管理。

1993年，马先生取得深圳大学电子工程系计算机专业学士学位，主修计算机及应用，并于1998年在中国电信服务和产品供应商深圳润迅通信发展有限公司主管互联网传呼系统的研究开发工作。

刘炽平：总裁

刘炽平，2005年加盟腾讯，出任本公司首席战略投资官，负责公司战略、投资、并购和投资人关系等方面的工作；2006年升任总裁，协助董事会主席兼首席执行官监督公司日常管理和运营；2007年，被任命为执行董事。

刘先生拥有美国密歇根大学电子工程学士学位，斯坦福大学电子工程硕士学位以及西北大学凯洛格管理学院工商管理硕士学位。加入腾讯之前，刘先生还曾在麦肯锡从事管理咨询工作。

11.3　行业现状

对投资人来说，决定其是否投资的因素还有公司项目的行业前景。这一因素非常重要，与产品后期盈利能力、公司发展潜力都有关系。

11.3.1　市场前景概述

投资人投资最看重的就是创业者对市场需求的预测以及市场未来容量

的分析。创业者对于市场需求的预测，具体来说就是有多少用户可能使用公司的产品或服务，百万级、千万级还是亿级？

在市场容量巨大的中国，一个目标用户只有百万级的产品并不是一个潜力巨大的产品。当然，市场预期不是仅仅表现在用户数量上，还有客单价等衡量标准。一个用户量少但是客单价很高的产品或服务也具有很大潜力，例如，各类 C2B、B2B 服务。

对投资人来说，市场未来容量会影响投资决定。原因很简单，市场在未来 5 年到 10 年内的变化空间基本上可以预测。投资人往往更青睐市场空间足够大，可以容纳百亿级别的潜力公司。

著名的互联网公司阿里巴巴在进行融资之时，经营者对中国互联网市场需求的预测非常准确，他看到了互联网尤其是电子商务市场未来的发展潜力和发展空间。

虽然融资初期遇到不少挫折，但是也成功地吸引了优秀的投资人关注，尤其是著名风险投资人孙正义最为突出。初次见面时，阿里巴巴创始人团队就在"六分钟"的时间里成功勾起了孙正义对项目的兴趣，获得了孙正义和其投资团队的认可。

之后，孙正义为阿里巴巴投资 2 000 万美元。2014 年阿里巴巴在美国上市时，孙正义投资阿里巴巴的 2 000 万美元变成了 580 亿美元，14 年时间翻了接近 3 000 倍。

11.3.2　目标用户及购买力

目标用户就是产品或服务是给谁用的 (Who)，对应的是目标市场。初创公司尤其需要重视目标用户，因为他们的痛点更加强烈，强烈到主动寻找问题的解决方案。

把握住目标用户，拓展市场的第一步就奠定了坚实的基础。种子用户会迅速通过关系链中的口碑传播，帮助产品占领目标市场。

2018 年 5 月，小米提交的招股书显示，MIUI 系统已经拥有 1.9 亿个月活跃用户。这与小米在创业初期时候，借助种子用户的口碑传播的作用是分不开的。

为了表达对最初的 100 个用户的感激，小米曾拍摄了一部《100 个梦想的赞助商》的微电影。小米对种子用户的辛勤耕耘实现了从 100 个到 1.9 亿个目标用户的飞跃，也积累了 MIUI 系统的良好口碑。

那时，雷军每天都会抽出一个小时的时间回复微博上的评论，即使是研发的核心工程师也要抽空回复论坛上的帖子。

据统计，小米论坛每天有实质内容的帖子大约有 8 000 条，平均每个工程师每天要回复 150 个帖子。而且，每一个帖子后面，都会有一个状态，显示这个建议被采纳的程度以及解决问题的工程师 ID，这给了用户被重视的感觉。

此外，与其他论坛进行纯线上交流不同，小米还主办了一个强大的线下活动平台——同城会。

小米官方每两周都会在不同的城市举办同城会，根据后台分析以每个城市的用户多少来决定同城会举办的顺序，然后在论坛上登出宣传帖，每次活动邀请 30~50 个用户到现场与工程师当面交流。同城会活动极大地增加了小米用户的黏性和参与感。

除了营造参与感，小米还将"积极与用户交朋友"打造成小米的公司文化。这种全员行为赋予了一线员工很大的权力。例如，在用户投诉或有不满意的时候，客服有权根据自己的判断自行赠送贴膜或其他小配件。

另外，小米还非常重视人性化服务。曾经有用户打来电话说，自己买小米手机是为了送给朋友，朋友拿到手机还要去贴膜，这有一点麻烦。于是在配送之前，小米的客服在订单上加注了送贴膜一个，让用户感受到了小米的贴心。

小米还通过成立"荣誉开发组"赋予用户权利，让他们试用还没有正式发布的开发版小米手机，用户甚至还可以参与绝密产品的开发。这种方式对小米来说存在一定的风险，但让用户产生了极强的荣誉感和认同感。

11.3.3　竞品分析及突出优势

商业计划中创始人对竞争分析的介绍体现了创业者对市场的深刻认识。一方面体现出创业者能够正确地识别直接的或者潜在的竞争对手；另一方面，投资人自己也会思考，并根据自己掌握的消息进行判断，通过竞争分析可以减少投资的不确定性。

竞争分析主要包括以下三个方面，如图 11-2 所示。

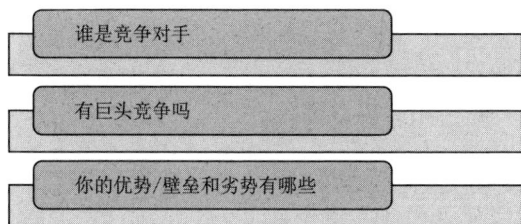

图 11-2　竞品分析内容

1. 谁是竞争对手

在做竞品分析之前，创业者首先要找到一个合适的竞争对手。

第一步是选择竞争领域。创业者对市场进行细分，选择自己定位的细分市场。竞争对手也就锁定在这个细分领域中；

第二步是选择竞争目标。公司对未来发展的预期决定了奋斗的目标。阻碍公司向前发展、与公司有相同目标的就是公司的主要竞争对手。

2. 有巨头竞争吗

巨头情况是必须首先关注的。你的市场有巨头吗？是不是有多家巨头？如果巨头有战略，创业者需要谨慎对待。如果巨头互相残杀或者无暇顾及，那么，创业者也可以抓住机会。

从业务层面上看，创业者会尽可能避免与巨头公司的业务有重叠，但对于投资人来说，如果投资项目与巨头的上下游相关，那也可能与巨头成为竞争对手。

我们就以电商为例，仅仅是品类上的差异是不够的。因为巨头有充足的资金调整团队结构、业务方向以及产品品类。创业者如果选择将巨头当成竞争对手，试图分得一杯羹，那么创业风险会非常大。

例如，班车类项目曾经处于一个蓝海市场，相关初创公司引起了很多投资人的兴趣。与滴滴相比，两者的用户群体是有差异的，所以投资人关注也就很好理解。然而，当滴滴声称要拿出 5 亿元来做班车业务时，投资人很快就不再关注班车类的初创公司了。

3. 你的优势／壁垒和劣势有哪些

竞争优势和劣势分析可以让创业者对自己和竞争对手有一个清醒的认识，不仅有利于创业公司在竞争中处于主动地位，还能因此给投资人留下思虑全面的印象，有助于成功拿到投资人的投资。

在分析时，大家可以采用 SWOT 分析的方法，将所面临的市场优势和劣势进行全方位的分析和掌握。创始人要特别注意从两个方面客观比较分析，如图 11-3 所示。

产品/服务　　企业经营

图 11-3　竞争优势／劣势的分析方面

一般情况下，公司之间的竞争就是在产品和服务层面展开的竞争，不过最在乎的是产品竞争。

竞品分析应当从产品定位、市场定位、成本及价格、广告投入、发展趋势等方面进行。你如果是针对专业服务类公司进行分析，对手的主要服务对象、服务范围以及服务水平都是值得分析比较的内容。

竞品当然越少越好，竞品太多或者太强大时，创业者要先想想怎样将项目做下去，以在竞争中取胜，然后才能用自己的思考成果说服投资人。

我们前面也说过，乔布斯在初创苹果公司时就是因为考虑到戴尔、康柏等大型办公电脑公司的竞争，为了差异化竞争从而转变苹果电脑的产品定位的。

竞争优势和劣势分析还可以在公司经营层面进行比较。比如，公司战略和经营行为的思想、关键财务数据对比、人力资源政策对比等体现公司的竞争优势。

11.4 产品分析

在介绍产品时，创业者需要尽可能使用简洁易懂的方式来叙述，力求在短时间内快速吸引投资人。如果投资人无法对产品介绍感兴趣，很难继续谈合作。

11.4.1 营销策略

描述市场营销战略是商业计划书的重要部分。公司要在商业计划书中详细描述市场营销战略，目的是让投资人看到公司对目标市场的深入分析和理解。下面是描述市场营销战略的方法。

第一步：市场营销战略概述

这一部分写在市场营销战略的开头，是对公司市场营销战略的整体描述，一般只需要两三句话即可。

例如，某手机采用比附营销战略打开市场。比附营销战略的操作方法是将产品或品牌与同行业内的知名品牌进行联系比较，使用户迅速认识并接受新产品，提升新产品的知名度。在该手机产品发布会上，创始人将该手机系统与苹果、小米、三星手机系统做了详细对比，并说："这么多年过去了，总是面对满屏的矩形圆角图标，还不腻？"

比附营销战略的应用使得很多用户将该手机与苹果、小米等手机列为水平相当的一类，为该手机的市场推广起到了极大的促进作用。

第二步：公司营销环境分析

这一部分主要是对公司面临的市场情况的总结和分析，创始人应当将公司所面临的市场环境表述清楚。分析的主要内容一般会分为两大部分。一部分会从产品的市场性进行分析，包括产品的现实市场及潜在市场状况、消费者的接受性等；另一部分会从影响产品的不可控因素进行分析，如居民经济条件、消费者收入水平、消费心理等角度。

第三步：公司营销目标

这一部分主要是为公司列出市场营销的目标，即公司执行营销战略后预期达到的经济效益目标，一般包括产品的总销售量、预计毛利和市场占有率等。

第四步：具体营销战略

这一部分是营销战略的重点内容，一般会被分成营销宗旨、产品策略、价格策略、销售渠道、销售策略五大部分。这五个部分创业者需要针对不同的情况加以分析，从而确定营销的具体方法和手段。其中，产品策略、价格策略、销售策略是比较重要的部分，下面为大家分别讲解一下。

产品策略包含多方面的知识。合理的产品策略，能够让产品的销售更加顺畅。其中，产品定位、产品质量功能方案、产品品牌、产品包装、产品服务都是产品策略中需要提到的内容。创始人在撰写商业计划书时，需要考虑全面，以免遗漏。

价格策略也是营销战略中一项较为重要的部分。恰当的价格策略能够让公司实现利润最大化，帮助公司有更加长远的发展。一般来说，公司在制定价格策略时会采用多种定价原则，如拉大批零差价，给零售商、中间商更多的优惠，或者是给予消费者适当数量的折扣，鼓励他们多购买产品；还可以采用成本定价法，以成本为基础，以同类产品价格为参考制定本产品价格。

创始人在表述销售策略时，需要完整地描述策略细节。如，公司在销售时选择使用外部的销售代表还是选择内部的职员问题；在挑选商品售卖方式时，选择转卖商、分销商还是特许商，以及公司将要提供的销售培训类型等。把这些小细节表述清楚明白，创业者会给投资人留下好印象。

第五步：各项费用预算

这一部分创业者需要将执行营销战略的费用全部计算清楚，包括营销过程中的项目费用、阶段费用、总费用等。创业者写这一部分内容时，需要遵循以较少投入获得最优效果的原则，让投资人看到项目的利益优势。

第六步：市场营销战略总结

该部分创业者应当给出战略执行中出现变动时所采用的解决方案。因为市场变化莫测，所以需要根据实际的市场变化进行相应的调整，以此保证营销战略的可实施性。

以上就是描述市场营销战略的全过程。创业者在撰写市场营销战略时，可以以上面的六大部分为切入点进行分析和研究，以便撰写出优秀的、能够吸引投资人的商业计划书。

11.4.2 预计回报

回报预期是商业计划书中最重要的部分，也是投资人最关心的问题。

虽然这只是对盈利的一个大概估计，并不能代表投资人最后可以获得的利益，但依然是他们进行投资决策的标杆。

如果公司通过商业计划书，展示了一个良好的回报预期，那投资人很容易就会被吸引。所以，在公司某个项目盈利非常丰厚、回报预期比较可观的情况下，创始人不要吝啬，果断将其放到商业计划书当中。

回报预期，其实有很多种展示的方式，例如，表格、文字等。PPT 中通常会使用表格的方式，具体创始人可以参照北京一家科技公司的回报预期表，见表 11-2：

表 11-2　回报预期表

项目 ＼ 年份	2020年	2021年	2022年	2023年	2024年
预期销售收入（万元）	6 500	10 000	14 000	22 000	34 000
预期净利润（万元）	1 500	5 000	5 500	7 900	12 000

这种方式的好处是，看起来比较清楚，预期销售收入和预期净利润都可以充分展示出来。创始人在撰写的时候，只要让投资人知道最后的数据即可，切忌把各个细小的数据都记录在表格当中。

还有一种是通过文字展示回报预期。这种方式比较适用于工作型商业计划书，但是必须要注意文字的简洁和精炼。我们可以来看一个不太成功的案例。

这个项目需要 200 万元资金，投资人的回报可以通过以下几个方式获得。

一是网站建立以后，可以获得盈利，投资人由此来得到分成；

二是网站发展壮大以后，我们会成立自己的公司，投资人可以得到公司的股份，赚取由股份带来的利益；

三是公司达到上市标准后会选择上市，投资人可以通过抛出股票的形式来获取利润，得到相应的回报。

上述案例创始人一直在介绍获取回报的方式，对具体的数额却闭口不谈。这是不合理的做法，因为投资人关心的并不是他的利益从哪里来，而是到底能有多少。

实际上，为了避免出现错误，更为了让投资人看到自己想知道的信息，无论是路演型商业计划书还是工作型商业计划书，创始人都可以用表格的方式来展示回报预期。

11.5 财务状况

创业者在介绍公司财务状况时，需要细心、谨慎，因为在介绍由数据支撑的报表时，很容易因一个的微小错误而引发一系列的失误，也会因此影响公司对外的形象。

11.5.1 公司基本财务数据

在商业计划书中，财务数据包括现金流、资金产出投入、固定成本等。这是投资人了解公司经济实力的途径，所以将其展示出来是十分必要的。

1. 现金流

每个公司在经营过程中都会面临着大量的现金流动，所以数据是很杂的。创始人在商业计划书中应该将这些数据都整理在表格之中，具体见表 11-3。

表 11-3　现金流

（单位：万元）

项目 ＼ 年份	2015年	2016年	2017年	2018年	2019年
经营中产生的现金流入小计	1 840	1 920	2 006	2 098.5	2 198
经营中产生的现金流出小计	987	1 031.6	1 079.6	1 131.3	1 187
经营活动中产生的现金流量净额	853	888.4	926.4	967.2	1 011.1
投资活动中产生的现金流出小计	500	510	321	333.1	146.4
投资活动中产生的现金流入小计	200	200	200	200	200
现金流量净额	31.8	35.4	239	242.6	246.2

2. 资金产出投入

资金产出投入一般用表格来展示，将资金产出投入的类型放在左侧，具体金额放在右侧，这样的方式一目了然，直观性强。

创始人在商业计划书中展示的资金产出投入一般是公司金额较大、比较重要的那些。有的公司将每一笔小的产出投入都展示出来，导致表格占用了较大篇幅，而且字体小、数据多，看起来相当麻烦，这样是达不到好的效果的，投资人根本不想去深究。

3. 固定成本

展示固定成本的目的是让投资人了解公司的花钱情况。投资人不愿意公司拿着他们投资的钱到处挥霍，所以他们要知道公司要花多少钱，花在什么地方。

某公司在制定商业计划书时就比较注重固定成本这一数据，将其详细地展示了出来。

他们的计划书中有详细的支出预计：

租金：办公场地租赁费用约 30 000 元／年；

固定资产：800 000 元；

办公家具购置约 100 000 元；

公司注册营业执照及办理一般纳税人资质的费用约 3 000 元；

租赁办公设备、电脑、传真机、复印机、打印机等共 6 000 元；

3 个月办公及市场费用：30 400 元；

杂费及工资：55 300 元（工资包括总经理、财务会计、业务员等所有员工的工资）；

律师顾问费用：20 000 元；

交通费用：100 000 元；

市场开发费用：10 000 元。

投资人会对这样花钱有规划的公司充满好感，知道自己的钱不会被肆意挥霍和浪费。

因为财务数据众多，创始人在制作的时候会耗费大量的时间和精力，而且一旦出现错误就可能导致结果的天壤之别，所以一定要细心，每一个小细节都不能有问题。

11.5.2　项目涉及的优惠政策

2019 年，财政部发布了《关于实施小微企业普惠性税收减免政策的通知》，该政策对新创立的小微企业进行了力度很大的税收减免政策，如图 11-4 所示。

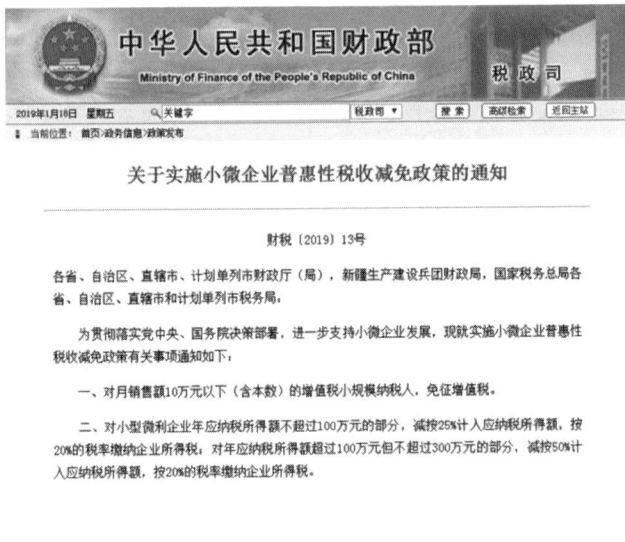

图 11-4   《关于实施小微企业普惠性税收减免政策的通知》

2021 年，财政部、税务总局又发布了《关于明确增值税小规模纳税人免征增值税政策的公告》，加大了税收优惠的力度，如图 11-5 所示。

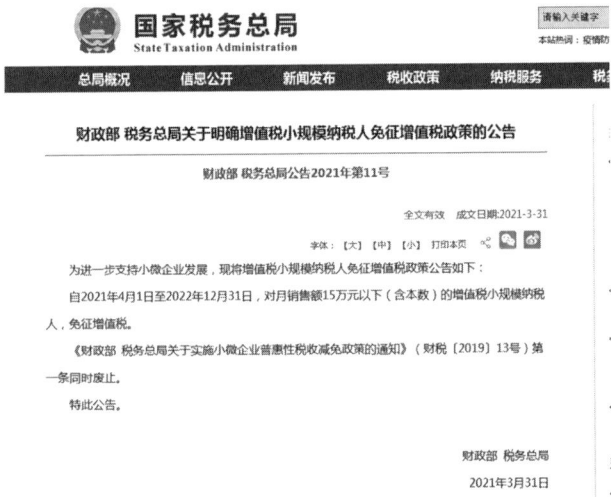

图 11-5   《关于明确增值税小规模纳税人免征增值税政策的公告》

结合上述税收优惠政策，创业公司主要的税收优惠、条件及计算方法如下：

（1）免征增值税：月销售额 15 万元以下（含本数）的增值税小规模纳税人。

（2）放宽小型微利企业的条件：不再区分工业企业和其他企业，统一按照"从事国家非限制和禁止行业，且同时符合年度应纳税所得额不超过300 万元、从业人数不超过 300 人、资产总额不超过 5 000 万元等三个条件"，见表 11-4。

表 11-4 小型微利企业的认定条件

小型微利企业	原优惠政策	普惠性所得税减免政策
行业	国家非限制和禁止行业	国家非限制和禁止行业
从业人数	工业企业：不超过100人	不超过300人
	其他企业：不超过80人	
资产总额	工业企业：不超过3 000万元	不超过5 000万元
	其他企业：不超过1 000万元	
年应纳税所得额	不超过100万元	不超过300万元

（3）企业所得税税收优惠计算：对小型微利企业年应纳税所得额不超过 100 万元的部分，减按 25% 计入应纳税所得额，按 20% 的税率缴纳企业所得税；对年应纳税所得额超过 100 万元但不超过 300 万元的部分，减按 50% 计入应纳税所得额，按 20% 的税率缴纳企业所得税。

财政部、税务总局发布的《关于实施小微企业和个体工商户所得税优惠政策的公告》中指出，2021 年 1 月 1 日至 2022 年 12 月 31 日，对小型微利企业年应纳税所得额不超过 100 万元的部分，在《财政部 税务总局关于实施小微企业普惠性税收减免政策的通知》（财税〔2019〕13 号）第二条规定的优惠政策基础上，再减半征收企业所得税。

C 企业 2021 年第一季度预缴企业所得税时，经过判断不符合小型微利企业条件，但是此后的第二季度和第三季度预缴企业所得税时，经过判断符合小型微利企业条件。

C企业在第一季度至第三季度预缴企业所得税时，相应的累计应纳所得税额分别为50万元、100万元、200万元。

C企业实际应纳所得税额和减免税额的计算过程见表11-5。

表 11-5　小型微利企业普惠性所得税减免

计算过程	第一季度	第二季度	第三季度
预缴时，判断是否为小型微利企业	不符合小型微利企业条件	符合小型微利企业条件	符合小型微利企业条件
应纳税所得额（累计值，万元）	50	100	200
实际应纳所得税额（累计值，万元）	50×25%=12.5	100×20%×50%=10	200×20%×50%=20
本期应补（退）所得税额（万元）	12.5	（10-12.5<0，本季度应缴税款为0）	（20-2.5=17.5，本季度应缴税款为17.5）
已纳所得税额（累计值，万元）	12.5	12.5+0=12.5	12.5+0+17.5=30

因此，如果创业公司确实满足小型微利企业条件，可以多关注国家税收减免政策，并将相应的政策展示给投资人，这样有利于在减少缴税负担的同时提升融资的成功率。

11.6　项目风险

风险是与收益并行的，没有任何一个项目会毫无风险，如果创业者一味隐瞒项目中存在的风险，只会失去投资人的信任。

11.6.1 项目风险概率

众所周知，投资有风险。然而，任何一个投资人都希望尽可能降低自己投资项目的风险。只要风险在可控制的范围内，投资人都是愿意接受的。只有那些风险不可控或者很难控制的项目才真正具有风险。所以，有智慧的投资人都会寻找风险可控制的项目投资。

事实上，任何人都无法预测未来。投资人能够做的就是拿到一手数据，为投资决策找到靠谱的依据。而创始人作为最大的风险承担者，也希望将创业风险控制到最低。

所以，为了将创业风险降到最低，创始人必须更加精准地定位自己的商业模式。创始人在没有充分了解项目的不确定因素时，可能会对市场、团队、商业模式盲目自信，致使公司"走错路"。但如果创始人意识到自己创业项目的不确定性，就可以计算出最大亏损范围，将创业风险数据化。这样做的结果不仅可以帮助创始人看清楚前路的艰辛，做出更好的规划，还能够让投资人更迅速地作出决策。

一个优秀的创始人会将项目确定性的部分和不确定性的部分明确地告诉投资人，让他们知道将要面临什么样的风险，这一点是非常重要的。有一些创始人因为不懂这些，导致最后项目失败，还欠下了巨额投资款。

创始人一定要在项目开展前计算出最大亏损的金额范围，这个数字是判断自己和投资人会不会因为项目失败而陷入危机的参考依据。没有人在明知项目要失败的状况下继续运营，投资人也不想投资一个会因为亏损太多而有倒闭可能的公司。

计算亏损的过程还有助于创始人想清楚如何执行自己的点子。如果创始人计算出相关数字后，发现一旦失败，公司就会倒闭，那就代表创始人负担不起这个项目的潜在亏损。

罗维奥公司在开发愤怒的小鸟项目时，推算出最大的亏损范围在 30 万欧元以内。这笔钱完全可以测试出这个游戏成功或失败，但就算失败，公司也不会受到太大影响。后来，这个游戏获得了超高的投资报酬率，给公司带来了巨额盈利。

亚马逊推出 Kindle 阅读器时也通过同样的方法计算出了最大亏损范围，明确了即使项目失败，公司经营也不会受到太大影响。亚马逊创始人杰夫·贝索斯说："如果你常常研发产品，而且有能力忍受任何一次的失败，那你永远都不会面临赌上整个公司命运的局面。回顾我们开发 Kindle 项目时，我也只是下了一个赌注。如果你经常下注，而且及早下注，任何一个赌注都不会赔掉整个公司的未来。"

杰夫·贝索斯的意思是只要你有能力负担自己所下的赌注，即使最后全都失败了，也在你的承受范围内。换句话说，无论创始人的赌注规模有多大，只要在公司可负担的范围内就是没有问题的。

综上所述，创始人需要做的是计算自己的"赌注"有多大，看看一旦失败，是否还有能力东山再起。如果答案是肯定的，那么将这一点写进商业计划书，往往有利于拿到融资。

11.6.2 风险管理对策

"居安思危"是一个非常贴切的成语，是指处在一个安全的环境中也要时刻提防着危险的来临。创业者应该在险象环生的情况发生之前就想好应对风险的方案，掌握公司潜在的风险。这是公司实现成熟化转型的必要素质，也是风险管理与控制的工作目标。

风险对策是对公司内可能产生的各种风险进行识别、衡量、分析、评价，并适时采取及时有效的方法进行防范和控制。对于创业者和投资人来说，用最经济合理的方法综合处理风险，以实现尽可能的安全保障，非常关键也非常必要。

风险管理是指采取各种措施和方法，消灭或减少风险发生的各种可能性，以及减少风险发生时造成的损失。有些事情是不能控制的，风险也时时刻刻存在。创业者需要采取各种措施降低此类现象发生的可能性或者把可能的损失控制在一定范围内。

风险对策和风险管理是不可分割的整体，最终的目的都是避免风险的发生和在风险发生时将损失降到最小。一般情况下，公司都会采取积极的措施去实现控制风险的目标。

有的专家认为，控制风险的最佳手段是根据公司的实际情况，制定多个方案，为应对可能发生的风险做好最充足准备，当公司真的发生风险时，就可以迅速选择一个最合适的方案。

现在的公司越来越重视风险管理，有的公司还会设立专门的部门去完成这项工作。创始人在撰写商业计划书的过程中，风险对策和风险管理也是必须要展示的部分，示例如下：

创业者要时刻关注政府以及相关部门发布的信息和政策，积极掌握事件的发展动态，提高公司在事件中的主动性，同时进一步扩大宣传力度，提升公司在整个行业和社会中的影响力。

创业者要根据信息和政策的变化及时对公司战略进行调整。完善的规避处理措施加上公司自身的名气，相信可以有效控制风险。

如果创业者只在商业计划书中列出可能发生的风险，并没有相应的方案去规避和控制这些风险，要想获得投资人的投资基本上不太可能。因此，创业者需要像前面提到的那样制定多个方案，并将各种方案详细介绍给投资人。

11.7　融资计划

在向投资人介绍清楚公司的情况后，创业者需要通过融资计划来尽可能收获对方的信任。

11.7.1　融资额度

在商业计划书中，创业者必须写清楚初创公司的估值以及出让多少股权。创业者的需求是估值越高越好、股权出让比例越低越好，而投资人正好相反。估值和出让比例是可以人为调整的，创业者和投资人因此具有了博弈的空间。

融资金额需要具体到数值，也要具体币种，例如，区分融资的币种报告，是人民币还是美元。如果公司优先接受美元，对人民币也能够接受，就可以在金额后标注美元，在美元之后加一个括号，注明"或等值人民币"的字样。

11.7.2　出让股权与价格

创业者融多少钱,出让多少股份直接关系到投资人投多少钱,换多少股。创业公司确定需要的融资金额以后，就可以根据公司估值确定投资人换多少股。

创业公司确定融资金融后，再确定公司估值，然后才能计算出公司出让的股份，即投资人需投入的资金进而投资人换得的股份比例也就计算出来了，即股份比例＝投入资金／估值。

确定好股份比例后，创业公司会在后面的投资条款中标明如："公司设立完成后，投资人以人民币×××万元的投资后估值，对公司投资×××万元人民币进行溢价增资。增资完成后，公司注册资本增加为×××万元，投资人取得增资完成后公司××%的股权。"

11.7.3　资金使用计划

创业者必须将本轮融资的具体用途进行重点说明，尽可能地将用途说详细，最好可以将资金的使用情况细化到具体的项目中。这样更能使资金使用计划翔实有力，更能吸引投资人的兴趣。

这部分内容需要创业者根据审慎思考的业务拓展计划制定具体的资金使用计划，需要充分体现创业者的战略规划能力，也需要体现创业者的财务管理能力。

融资规划的时间段应当是资金到位后未来的三到五年，这一时间段内花钱的节奏和花钱的结果都应当一目了然。简单甚至有漏洞的融资规划会令投资人提高警惕，所以必须要认真制定。

商业计划书中的融资规划一般需要包括以下内容：

（1）资金需求说明，这一部分包括资金的总量、用途和使用期限。其中资金用途主要在体现拓展项目、扩展公司业务、升级核心团队、优化商业模式方面，并写清楚具体的财务规划。

（2）资金使用计划及进度，就是花钱的节奏问题，让投资人心里有底。例如，公司预定使用资金至少一年半，并根据达到市场目标和团队管理成本的情况划分使用进度。

（3）在投资形式中，创始人需要为投资人列出投资贷款、利率、利率支付条件、转股—普通股、优先股、任股权以及对应价格等内容，帮助投资人更好地了解将会得到的投资反馈。

（4）资本结构。

（5）回报 / 偿还计划。

（6）资本原负债结构说明，包括创业公司原来每笔债务所产生的时间、条件、抵押、利息等信息。

（7）投资抵押公司在经营过程中是否存在抵押的情况，如果存在，其抵押品的价值如何；在定价时，所依凭的根据有哪些，如果有必要，还需要提供定价的凭证。

（8）投资担保包括两个部分，一部分是公司是否存在抵押的情况；另一部分是公司担保者的财务报告。

（9）吸纳投资后的股权结构。

（10）股权成本。

（11）投资人介入公司管理之程度说明。

（12）报告。

以上就是商业计划书中融资规划所需要具备的主要内容。在实际的撰写过程中，创业者需要根据投资人的意愿，进行灵活的删减和添加，尽量让投资人满意。

11.7.4　项目实施计划

由于投资人每天要浏览大量的商业计划书，留给每一份商业计划书的时间会很少。这时创业者要将"产品是什么"讲清楚，还要将"商业模式是什么"讲清楚。

商业模式分为运营模式和转化获利模式。运营模式是获取流量和品牌影响力的操作方法，也是转化获利的逻辑支撑。下面是一个关于知识付费的"新据点"项目的商业运营模式。

"新据点"商业运营模式：引入知名培训导师，利用空间进行培训和教练活动；引入新奇好玩的品牌产品，在空间内进行用户参与体验活动；实现既保障空间使用率，同时沉淀参与者数据的效果；在线上为 B 端用户精准匹配共创人才，并在线下空间进行共创工作坊，为公司提供外部协同创新；沉淀出超高级人才，成为合伙人；组织特定的合伙人，为公司提供顾问服务，并以此获得股权回报。

投资人在看了产品和商业模式的陈述后，对项目有了初步的判断，后继的内容是对投资人判断的验证。

11.7.5　投资的退出方式

退出机制是实现投资人资金循环流动的有效途径。在商业计划书当中，这一部分经常被放在最后介绍。一般来说，退出机制主要包括三项：内容、方式和条件，具体可参照以下案例：

投资人不需要长期持有公司的股份，在满足条件的情况下，可以按照自己的意愿适时退出，拿到自己应该获得的利益。总之，我们一直以实现投资人资本增值的最大化为宗旨。

公司董事会经过认真讨论，决定投资人在公司的持股时间至少要在两年以上，两年之后，就可以通过适当的方式退出。投资人退出的时候，要严格按照国家的法律、法规执行，如果要提前退出，需要与公司进行协商，由双方共同解决。

公司为投资人准备了三种退出方式：IPO（首次公开发行）、股份出售、公司并购，其中最成功、回报最多是 IPO。为了保证投资人能够以这种方式退出，我们公司将设立创业板。

公司具体战略规划是：2019 年实现股份制改造；2020 年可以达到上市标准，成功在创业板上市。公司将时刻关注创业板的市场情况，并与证券界保持密切的联系，争取达成在 2020 年上市的目标，到了那个时候，投资人可以成功从公司退出。

该退出机制将退出方式展示得比较清楚，而且直接告诉投资人哪一个最合适，这是亮点。另外，公司还将上市的战略规划和措施都展示在商业计划书当中，可以由此看到自己退出的希望，这是比较能吸引投资人的一点。

12

投资谈判：找准博弈关键点，争取最大利益

创业者在与投资人进行谈判时，不能一味地被牵着鼻子走，要以公司的基础情况为根本，对内整顿不合理的环节，对外运用一定的技巧与投资人交涉，争取想要的利益。

12.1 融资谈判谈什么

融资项目进入谈判阶段后，创业者要更加小心谨慎，不能放松警惕。接下来的每一步都关系到谈判是否成功，一个环节没有做好，可能导致谈判破裂、融资结束。

12.1.1 公司估值

王某是一家公司的创始人，公司刚开始发展得并不顺利，主要是因为没有资金的支持。为了获得资金，王某和他的团队打算融资。2019 年，王某开始做融资前的准备：在网上找到了一个投资人，投资人对他的项目表示很感兴趣。路演结束后，投资人对公司进行了详细的尽职调查。

接下来，王某进入了与投资人的谈判阶段。因为投资人对王某的项目、团队等都很满意，于是问王某："你们公司的估值是多少？"王某瞬间就蒙了，他没有考虑过这个问题，便随口说了一个数字。

投资人听到王某说的是一个天文数字，跟预期相差太大，而且经过多次的交涉，双方也没有针对这个问题达成一致意见。所以最终的结果是，投资人并没有给王某投资，王某失去了一个绝佳机会。

投资人和创业者如果走到谈判环节，肯定会涉及估值问题。但估值不是随口说一个数字就可以的，而是要进行细致、准确地计算。一个估值合理的公司，才会获得投资人的青睐。

创业者在为公司估值时，一般需要考虑以下因素，如图 12-1 所示。

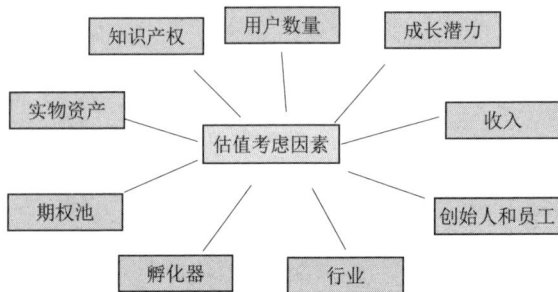

图 12-1　在为公司估值时需考虑的因素

1. 用户数量

公司如果想获得发展,首要目标就是吸引大量的用户。如果在短时间内,公司可以吸引大量的用户,那说明公司的前景还是非常广阔的。投资人也会关心你的公司是否可以吸引用户。一般来说,公司吸引的用户越多,吸引的速度越快,获得的投资金额就会越高。

2. 成长潜力

公司有没有成长潜力也是投资人比较重视的一点,所以在融资谈判时,创业者可以用数据给投资人展示公司的成长潜力,这些数据也是投资人衡量公司估值的要素。

3. 收入

收入也能作为估值的一个依据,有了收入之后,就会产生一些数据,这些数据可以帮助公司确定合适的融资金额。当然,对于初创公司而言,收入也许只占一小部分,通过收入计算出来的估值不能代表全部潜力,但可以为融资谈判提供参考。

4. 创始人和员工

一个优秀的创始人更容易吸引投资人,也可以为公司拿到更多的资金。

创始人以前的背景、工作经历等也影响着公司的融资。如果创始人和员工的能力很强，那么由他们组成的公司也必定是非常有发展潜力的。例如，一些互联网行业的公司在融资时，因为有专业的技术团队，而使估值增加了上千万元。

5. 行业

行业不同，估值也不同。以餐饮行业和高科技行业为例，餐饮行业的估值通常是总资产的3~4倍；而高科技行业的潜力比较大，估值一般是年营业额的5~10倍。因此，创业者在找投资人谈判之前，一定要了解公司所在行业的整体形势。

6. 孵化器

有些公司是依托孵化器建立起来的。这样的公司通常会有专业的指导，在获得资源方面也比一般公司更有优势。在孵化器的助力下，公司会通过专业的数字分析来确定发展方向，这也会提高公司在融资谈判中的估值。

7. 期权池

公司为了吸引优秀员工加入而提前预留出股票，这就是期权池。通常情况下，期权池越大，公司的估值就越低。期权池是一种无形的资产，其价值一般会在估值中被忽略。

8. 实物资产

有些公司因为实物资产并不是很多，所以在估值时不会将这一部分考虑进去。实物资产也属于公司的资产，会对估值产生一定的影响。

9. 知识产权

公司拥有的专利也是公司的资产，在估值时要计算进去。专利也能为公司增加估值。例如，某初创公司的创始人因为两项专利而多获得了投资人的 500 万元资金。

初创时期的公司估值并不是越高越好，而是越合理越好。公司估值越高，意味着要承担更高的风险，一旦出现了问题就会被迫接受很多不公平的条款。因此，创业者一定要根据公司的实际情况，算出合理的估值，提高被投资的概率。

12.1.2　融资架构

如果你已经跟投资人说了很多，喝过几次咖啡，是不是感觉拿到投资已经不成问题了？其实，只要投资人还没有提"Term Sheet（投资条款清单）"，那你就不一定能够拿到钱。

如果投资人给你一份投资条款清单，这表示他有意投资你的项目。投资人对项目产生兴趣到最后投资的中间环节，投资条款清单发挥了承上启下的作用：在释放并确认双方合作意愿信号后，初步搭建融资架构，对核心条款建立共同认知。

融资架构搭建好以后，投资人会开始尽职调查，最后与创业者达成投资协议。因为投资条款清单比较特殊，所以在后续签订投资协议的时候很可能会对其中的条款进行调整和修改。

一般来说，投资人与创业者达成正式投资协议的条件是投资人对尽职调查的结果满意。很多投资人为了给投资行为添加一些风险保护，就有可能会降低占股比例，减少投资金额。

创业者要防止投资人降低占股比例、减少投资金额，最好的方法就是在投资人的资金到账之前不要拒绝其他投资人的投资意向。只有创业者手中的筹码多，才能把融资失败的可能性降到最低。

投资人也可能在尽职调查后决定增加投资金额，此时，创业者是否接受投资人更大的投资金额应当视项目的具体情况而定。

投资条款清单在融资过程中发挥着强大作用，创业者需要重点关注。

12.1.3　绑定创始人

张某是某网游公司的创始人，现在正准备 A 轮融资。一个有丰富经验的投资人表示有投资意向，并按照国际惯例要求对创始人持有的股份设置行权计划。

具体内容是，限制张某在一定期限内对持有股份的转让权。如果张某在行权计划未满前离开公司，则无法获得全部股份，未行权部分将自动消失。另外，激励计划也会设立行权期，分几年向团队发放，以确保团队为公司的服务期限。

对于设置行权计划的行为，张某表示难以理解。他认为，无论是自己持有的股份，还是管理层的奖励，都应当是一次性获得。事实上，投资人的要求是合理的。因为公司之所以被投资人看中，主要是因为其创业团队的执行力。

在这种情况下，投资人会锁定团队，要求团队在未来的几年内为公司发展作出相应的贡献。更何况，行权计划并不影响创始人作为公司控制人拥有的一切相关权利。

经过沟通协商，张某与投资人各让一步，最终达成一致：行权计划的框架依然存在，但是行权计划的时间可以缩短。这样的做法既体现了张某及其团队对公司经营的信心和对投资人的尊重，也体现了投资人的投资诚意。

一般来说，投资人会通过行权计划来提升公司经营的稳定性。但是创业者可以与投资人协商，争取在最大程度上保护自己的权益，在达成融资目的的同时使自己不受损失。

12.1.4　独家谈判期

在融资过程中，创业者会接触到不同的投资人，其中有一些会给投资条款清单。然而，每个投资人都想与创业者进行实质性谈判，又怕创业者来回抬价，所以会约定独家谈判期。

一旦与投资人约定了独家谈判期，创业者只能跟这个投资人进行谈判。对于创业者来说，不约定独家谈判期，保持交易的灵活性对自己更为有利。不过，要是投资人提出很有吸引力的价格时，创业者可以考虑与其约定独家谈判期。

如果创业者真的与某一个投资人约定了独家谈判期，那就必须掌握一些要点，以避免自己遭受不必要的损失，具体如下：

（1）独家谈判期的时间不宜过长。

（2）独家谈判期内争取与第三方继续讨论。一般来说，投资人为了保证自己利益，通常会对此条件予以禁止，但创业者应该据理力争，不让自己受到影响。

（3）如果第三方给出更合适的出资，创业者有权停止谈判。若投资人询问第三方的价格，创业者不必向其披露。

（4）独家谈判期内，投资人支付费用，假如双方未能达成交易，创业者不需要返还这部分的费用。

在独家谈判期初期，谈判双方应该尽量明确创业者、投资人的责任和权利，以防止后期产生不必要的歧义和矛盾。

12.1.5 公司经营失误处理

公司经营早期难以实现全面规范，总会有些问题，如经营收入账目不清问题，经营地址与注册地址不一致等问题。投资人准备投资时，就期待这个公司将来能上市。他们就会以拟上市的标准来要求创业者，以上这些不规范经营就被当成"问题"来对待。

12.1.6 业务合作及资源导入

我们选择投资人不仅因为投资人能给公司带来融资资金，还因为投资人拥有丰富的人际关系资源、业务资源、用户资源等。如腾讯、百度、阿里巴巴等互联网巨头公司，假如他们愿意倾斜一部分资源，都能给创业者带来大量的用户、流量。

这些可以与投资人进行谈判。虽然这些条款不会出现在投资协议中，但可以单独开展相关业务合作。

12.2　如何回应投资人要求的特殊权利

投资人在进行投资行为时，看重的是公司未来的发展前景以及能为自己带来的收益，并不是在好心做慈善或公益。因此，投资人在谈判过程中会尽可能地为自己争取最大的利益。本节将详细解析这些利益的内容及用意，并列举具体事例来进行分析，帮助创业者守护公司的利益。

12.2.1　指定董事入驻董事会

谁控制股东会，谁就可以控制公司的运营和决策。但是，一般公司不会经常召开股东大会，所以股东很少有机会参与公司经营的日常琐事。因此，在公司日常经营的过程中，股东无权过问公司的财务、人事、管理等事务，哪怕股东想开除一名清洁工，也无权实施。

董事会与股东会不同，它是公司日常事务的执行机构。公司可以根据管理的需要，召开董事会。股东控制了董事会就可以掌控公司的日常事务。这是因为董事会中的董事代表的不是公司利益，而是支持他的股东的利益。

根据《中华人民共和国公司法》第三十七条第一款规定，股东会行使下列职权：（一）决定……（二）选举和更换非由职工代表担任的董事、监事，决定有关董事、监事的报酬事项……一般而言，为了自己的利益，投资人会在投资之前要求进入董事会，获得公司重要经营决策的投票权。

根据《中华人民共和国公司法》规定，有限责任公司的董事会成员为3~13 人，股份制公司的董事会成员为 5~19 人。通常情况下，董事会席位设置成单数。董事会席位为双数的情况下很容易陷入投票僵局，图 12-2 就说明了这一问题。

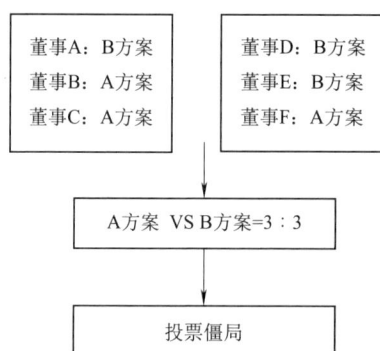

图 12-2 双数董事会席位出现的投票僵局

董事会的决议规则是一人一票，多数同意即可通过。所以，不管是谁，只要控制董事会一半以上的席位，就可以控制董事会。因此，创始人需要在公司章程中约定：创始人拥有董事会成员一半以上的提名权。如此一来，创始人在公司中的日常决策，都将获得董事会成员一半以上的支持，从而快速实现自己的目的。

12.2.2 股权转让，优先购买

优先购买权也叫优先受让权，在谈判过程中，关于优先购买权的情况一般有以下两种：

第一种是创业者为防止股份过于稀释，规定投资人按持股比例参与优先认购。惯常表述为："如公司进行增资 (向员工发行的期权和股份除外)，投资人有权按其届时的持股比例购买该等股份。"

第二种是公司发生后续融资，投资人可以享有优先购买全部或部分股份的权利。投资人放弃购买的，创业者才能向第三方融资。通常表述为"公司上市之前，股份持有者尚未向其他股份或优先股的已有股东发出要约，则不得处分或向第三方转让其股份。根据优先购股 / 承股权，其他股东有优先购买待售股份的权利。"

12. 2. 3 公司破产，优先清算

对于投资人来说，优先清算权非常重要。这里所说的优先清算权是指，投资人在标的公司清算时，具有优先于其他普通股东获得分配的权利。

通常情况下，优先清算权的计算以约定为前提，即优先清算权 = 优先权 + 参与分配权。优先权指的是股东有权优先于其他股东以每股 x 倍于原始购买价格获得回报。参与分配权，也叫双重分配权，是指股东在获得优先权的回报后，还能按照优先股转换成普通股之后的比例，与其他股东一起分配剩余清算资金。按照公司的具体约定，参与分配权分为无参与权、完全参与分配权、附上限参与分配权。

假设投资人投资了 3 000 万元，占股 30%，公司的可分配净资产为 8 000 万元。优先清算权中规定该权利按投资金额的 1.5 倍优先进行分配，超过优先清算的部分，投资人和普通股股东按股权比例分配。

那么计算公式如下:

优先权下的投资回报. 3 000 万元 × 1.5=4 500 万元。

参与分配权下的投资回报:(8 000 万元－3 000 万元) × 30%=1 500 万元。

投资人总回报: 4 500 万元 +1 500 万元=6 000 万元。

对于创业者来说，清算事件是一件坏事，预示着公司破产、倒闭。但

对于投资人来说，清算事件只是一件"资产转现金事件"，具体指股东通过公司合并、被收购或公司控制权变更等手段出让公司权益而获得资金的方式。

对于大部分公司来说，创业存在着很大的风险。而融资过程中，投资人会为了降低风险而要求享有优先清算权。因此，创业者要想避免不必要的麻烦，应该将这项权利展示在投资协议中。

13

签署文件：有一种陷阱叫特别条款

　　当融资进行到签署文件这一环节时，创业者与投资人的博弈也逐渐接近尾声，但越是这种情况创业者越是要睁大眼睛，辨别文件中可能存在的问题，防止不小心落入陷阱，签署了条约反而作茧自缚。

13.1　融资合同中的特别条款

投资人在制定融资协议时，为了保护自己的利益，尽可能地降低投资风险，都会添加一些特别条款。这些特别条款中的绝大多数不会损害到创业者的利益，但会对公司的股份、业绩等方面有所规定。因此，创业者也需要了解这些特别条款，防止签署了公司能力范围外的合约而不自知。

13.1.1　对赌条款

有些创始人因为公司财务紧张急需寻找投资人，投资人往往会抓住这一"把柄"要求签订对赌协议。投资人设定的对赌协议可能会非常严苛，让创始人根本没有实现对赌目标的可能。

比如，以下对赌协议的内容几乎没有实现的可能："第一年营业收入不低于 1 000 万元且净利润不亏损、第二年年税后净利润不低于 5 000 万元、第三年年税后净利润不低于 1 亿元，若未达成相应条款，投资方有权要求创始人团队方面赎回股权。"

在公司财务告急的压力下，创始人往往愿意接受对赌，拿到投资解燃眉之急。对于成立不满两年的初创公司来说，过于严苛的对赌条款显然是无法达到的，而不少签订协议的公司创始人还没有明白其中的危害。下面，我们一起看对赌的四大风险。

1. 业绩目标不切实际

创始人经常混淆"战略层面"和"执行层面"的问题。如果对赌协议中约定的业绩目标不切实际，投资人注入资本后，常常会将创业公司引向不成熟的商业模式和错误的发展战略。最终，公司将会陷入经营困境，创始人必定对赌失败。

2. 公司内外部不可控风险

创始人如果急于获得高估值融资，而且对于公司的未来发展过于自信，常常会忽略公司内部和外部经济环境的不可控风险，认为自己与投资人的要求差距不大，从而做出错误的对赌约定。

3. 忽视控制权的独立性

忽略控制权的独立性是大多数创始人都会犯下的错误。创始人与投资人本应当互相尊重，但是不排除投资人因为某些原因向目标公司安排高管，插手公司的日常经营和管理。在这种情况下，公司的业绩是好是坏都会受到投资人左右。因此，签订对赌协议后，怎样保持公司控制权的独立性是需要创始人特别关注的问题。

4. 对赌失败失去公司控股权

条件温和的对赌协议尚可，如果遇到对公司业绩要求极为严苛的对赌协议，创始人就有可能因为业绩发展低于预期而失去公司的控制权。

13.1.2 肯定性条款

肯定性条款是指被投资公司在投资期内应该遵守哪些约定，一般包含：

（1）被投资公司需提供合适的渠道，以便投资人可以接近员工并获得经营管理记录；

（2）被投资公司应定期向投资人提交财务报告；

（3）被投资公司需进行年度预算，且该年度预算要取得董事会同意后方可实行；

（4）管理层要保证被投资公司继续存在，并使公司所有财产维持良好的状态；

（5）被投资公司需购买足够的保险；

（6）被投资公司需支付应付债务与应交税款；

（7）被投资公司要遵守法律，并履行相关协议所规定的义务；

（8）被投资公司应当告知投资人诉讼、协议的未履行情况，以及其他会对经营造成不利影响的事项；

（9）被投资公司要采取适当的措施保护自己的专利权、商业秘密以及版权；

（10）被投资公司需要按照约定用途使用融资资金。

13.1.3　否定性条款

否定性条款是指被投资公司不得在投资期内从事行为的约定，通常涉及以下内容：禁止变更控制权；禁止管理层向第三方转让股份；禁止改变主营业务等。

13.1.4　分段投资

为了降低投资风险，投资人往往采取分段投资的方式，即只提供公司下一阶段的资金。只有当公司完成预期的经营目标或者获得丰厚的盈利以后，才会继续投资。

在这个过程中，投资人会对公司的经营状况与潜力进行反复评估，并拥有放弃追加投资的权利与优先购买公司发行股票的权利，有效控制风险。

13.1.5　反摊薄条款

反摊薄条款是一种用来保护投资人利益的协定，其核心是不会因为公司以较低价格发行新股而导致投资人的股份被摊薄。现在，许多投资人都把反摊薄条款作为投资条件之一。

例如，创始股东拥有公司 100 股股票，价值 100 万元，投资人 A 向创始股东购买公司 50 股股票，价值 50 万元，此时，投资人 A 占有公司 50% 股权。

假设公司准备向另一投资人 B 增发 50 股价值为 50 万元的股票，那么，投资人 A 的持股比例就会从 50% 降至 33.33%，这种情况发生时即为比例摊薄。

如果签订了反摊薄条款，投资人 A 的持股比例不会因为后续融资而降低，或者即使降低了也可以得到一定的补偿，从而保证其权利不受损害。

13.1.6　共同卖权

投资人为了在标的公司减少或丧失投资价值的情况下退出，投资协议中也会约定出售股权的保护性条款，如共同出售权条款。

如果标的公司控股股东拟将其全部或部分股权直接或间接地出让给任何第三方，则投资人有权但无义务，在同等条件下，优先于控股东或者按投资人与控股股东之间的持股比例，将投资人持有的相应数量的股权售出给拟购买待售股权的第三方。

共同出售权事实上是对原股东转让股份的限制，可以有效避免不理想的股东进入，使原股东与投资人承担相同的风险与收益。

13.1.7　强卖权

强卖权也叫领售权，是指投资人在卖出其持有公司的股权时，要求公司原股东一同卖出股权。关于强卖权概念，前文提及了一部分内容，这里着重介绍应对强卖权的三大措施。

第一，拒绝所有股东都能单独发起强卖权。

建议半数以上投资人和创始人股东同意才能发起强卖权，而不是让所有股东都能单独发起强卖权。很多时候投资人、创始股东内部意见都是不一致的。同时，创始人还可以提高触发强卖权条款的股权比例。触发强卖权条款的股权比例越高越好，例如，必须是全部或者 2/3 以上私募股权要求行使强卖权时，该条款才能被触发。

第二，限制强卖权启动时间。

投资人有强卖权，但不能在投资 1 年、2 年内就使用，可以约定交割 5 年以上启动强卖权。

延长强卖权的行使时间可以防止投资人违背设立该项条款的初衷而滥用该权利。与此同时，延长时间可以给公司更长时间的自我发展机会，对创始人来说是有利的。

第三，限制受让方。

公司创始人与投资人签约时可以约定行使强卖权时购买公司的第三方主体不能是竞争对手、投资人投资的其他公司、与投资人有任何关联的公司以及个人等。这一方法是杜绝投资人在利益驱使下发生贱卖公司的行为。

另一方面，创始人还可以通过公司股东享有的优先购买权来限制受让方。也就是说，当投资人行使强卖权出售公司的股权时，公司创始人或其他创始股东就可以以同样的价格和条件将投资人欲出售的股权买下，从而避免公司被其他第三方收购。

对于强卖权条款，创始人尤其需要警惕，因为这一条款有可能导致自己的控股权旁落。

13.2 融资合同中的致命陷阱

融资合同中有一些条款，乍一看没有什么问题，但很有可能在公司发展的后期"发力"，给公司及创业者带来重创。面对这些"致命陷阱"，创业者需要做到知己知彼，才能见招拆招。本节介绍了融资合同中的一些致命陷阱及其可能带来的危害，希望创业者根据自身情况合理规避。

13.2.1 为什么对赌协议不能签

关于对赌协议，某基金联合创始人王某给了创业者一个忠告："我呼吁，创业者，尤其是起步时期的创业者，千万不要签署对赌协议。除非，你不热爱你所创立的事业。"

实际上，有些对赌就是泡沫，意味着公司必须要达到无法达到的目标，这是一件非常惨烈的事情。在这种情况下，创业者同意对赌就是失去了经营公司的初心，心态毁于一旦，根本无法回头。

由此可见，有些对赌协议非常"可怕"。所以无论公司经营多么困难，都必须要坚决规避这些对赌。那么，具体应该怎么做呢？可以从以下三个方面着手，如图 13-1 所示。

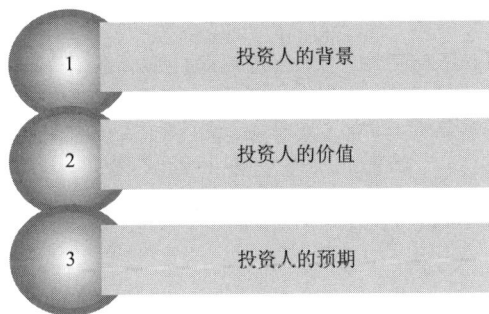

图 13-1 创业者避免对赌协议的三个方面

1. 投资人的背景

创业者在寻找投资人时，通常会忽略投资人的背景，他们认为只要投资人能够给项目投资就行，其他的不重要。

很多的创业者，因为没有事先调查清楚投资人的背景，以至于项目在进展过程中发生一系列问题。例如，投资人的资金不到位，投资人过多干预项目管理等。所以无论如何，创业者都应该对投资人的背景进行全面调查。

2. 投资人的价值

创业者在与投资人签署协议之前，要明确项目需要什么样的价值以及投资人是否能够为项目带来相应的价值。

对刚起步的创业者而言，他们不仅需要志同道合的人才，还需要一些行业专家对市场的分析建议。在市场方面，投资人也会有很多资源，他们可以在公司遇到困难时帮助创业者走出困境。

3. 投资人的预期

很多创业者遇到投资人时，唯一的想法就是赶紧搞定投资，尽快拿到资金。毕竟，投资人手上拥有创业者最缺失的资金。

然而，一些拥有超高预期的投资人也会加入项目中。等到发生利益冲突的时候，这种投资人会为了自己的利益而做一些对项目不利的事情，这时创业者就追悔莫及了。

创业者应当明白，拿利润当唯一标准去衡量一切的投资人很容易犯下急功近利的错误。这样的投资人很容易将一个项目搞砸，甚至会为了利益而不顾公司的长远发展。

13.2.2　投资人要求创始人用私人财产担保

最近，某公司创始人张某因为融资合同问题而感到非常苦恼，具体情况是这样的：

张某获得了 8 000 万美元的投资，但投资人要求在融资合同中加入财产担保条款，即创始人及其直系家庭成员以个人名义和财产为此次融资做担保。张某不知道这样的条款合不合理，所以一直没有签署融资合同。投资人的资金也就迟迟没有到账。

实际上，对于张某这样的早期创业者来说，财产担保条款是一个大坑，一不小心就会掉下去。因为公司刚刚创立的时候，风险非常大，一旦经营不善，投资人的资金就打了水漂。但如果有财产担保条款，投资人可以向创始人索要赔偿，以弥补自己的损失。

公司倒闭后，所有的辛苦和努力都化为泡影。如果再加上投资人那边的债务，创业者很可能吃不消。因此，对于财产担保条款，创业者应该是能避免就避免，这才是理智而正确的行为。

当然，并不是所有的投资人都会要求财产担保条款，但创业者还是要提高警惕，不要让自己陷入艰难的境地中。

总而言之，成功获得融资后，创业者完全可以聘请一个专业且经验丰富的律师，帮助自己找出融资合同中不合理的条款。年轻的创业者尤其要注意这一点，不要因为怕花钱而造成更严重的后果。

13.2.3　骗走药化公司70万元的融资陷阱

林某与人合伙盘下了某医药化工有限公司。由于要安置员工及购买器材设备，林某需要一大笔资金。两个月后，经朋友刘某引荐，林某在深圳见到了自称是香港东盟工商联合会民丰投行（化名）代理人的余某和龙某。他们称可以给林某投资，但需要其出资 5 万元，并在深圳公证处对投资事宜予以公证。林某对相关业务并不熟悉，出于对刘某的信任，林某将钱给了刘某去小理。

公证办好后，双方签订融资合同。合同中约定甲方为天贝医药化工有限公司，乙方为香港东盟工商联合会民丰投行，甲方以精细化工项目、土地使用权等做抵押，向乙方融资 1 000 万港元。除此之外，合同中还有一个补充协议，即乙方在银行办理好手续后，甲方需立即支付 60 万元利息作为酬劳。

在合同签订后不久，林某收到了融资款项与一张外汇汇票，并没有收到资金。对此刘某称是正常操作，告诉林某需要委托一家能接受外汇的公司代收。于是林某找到一家代收公司跟刘某一起到银行办理业务。银行告诉林某，银行账户上确实多了一笔业务，但7天后才能操作。

之后刘某称资金既然已经入账，反复游说林某先行支付利息。最终，林某被说服，选择借高息贷款60万元来支付利息。但半个月后，林某从银行等到了一张对方账户已经关闭的告知单。

对此，银行某主管解释，汇票托收的确有一个流程，看到对方提供的汇票单，不代表钱已经入账。对方提供的票据有一个7天的冻结期，这期间内对方可以退票及追索，将钱撤回。而林某误以为钱已经到账，实际中了刘某等人利用汇票的时间差做的陷阱。

事后，刘某人间蒸发，拿走了60万元利息和相关费用，共计70万元。林某最后只得卖了自己的房子、车子偿还高息贷款。

创业者需要注意，正规的投资公司通常会自己承担费用，不会以合作为由乱收费。像林某这样先行支付手续费，又在没收到钱时反复被游说支付高额利息的情况，很大程度上是融资陷阱，创业者一定要谨慎辨别。

结　语

股权设计是对公司的顶层设计。我国公司法规定的出资方式包括金钱、物品和财产权利，不包括智力资本。而现代社会智力资本是一家公司发展中不容小觑的资本。公司想要智力资本体现出应有的价值，就必须做好股权设计，把智力资本通过一定形式体现在公司的总资本中。

公司如果因为某些原因没有做好股权设计，则会产生很多的问题，如引发股东之间的控制权纠纷等矛盾。在创业的初期，公司前景尚不明确，没有什么利润可供分配，此时股东都只想着先让公司盈利。公司开始盈利后，有些股东投入资金较少但贡献较大，就容易产生不平衡心理，这样各种矛盾也就出现了。

很多公司都因前期没有恰当的股权设计，导致后期股东争夺控制权而经营困难，最后公司经营出现问题，不得不注销公司。创始人多年的心血也因此毁于一旦。

除了利润分配，股权设计还可以让公司股权结构合理化，增强公司盈利能力。公司的股权结构按照一定的原则进行设计，可以体现出各个资本的作用，发挥各个资本的价值，最终把公司做大做强，然后吸引更多资本进入。

好的股权设计还可以提高员工的工作积极性，这主要是通过股权激励制度来实现的。好的股权设计更重视人的作用，员工被重视，获得的回报多，就会更有干劲地去完成公司的目标，公司也就能获得更多的盈利。

股权设计贯穿于公司发展的始终。创始人在公司成立后的各个阶段，都需要对公司的股权进行设计。在公司成立之初，创始人需要确定股东投入要素的价值、确定预留股权、约定股东退出方式、确定控制权模式；在公司发展期，创始人需要制定股权激励制度，鼓励员工创造更多价值；在公司引入新资本时，创始人需要合理设计股权结构，保护控制权。

一个好的管理者，要时刻把公司的利益放在第一位，这既是对自己负责，也是对股东和员工负责。对于一家公司来说，谈利益，并不伤感情，不谈利益，才伤感情。成功不是偶然，一个人要想实现创业梦想，走上人生巅峰，一定要学会未雨绸缪，对股权引起重视，做好股权设计。

希望本书中对于股权设计的讲述能对你有所帮助，让你得到启发，最终成就创业梦想。